改

全業種

みんなの 接客 韓国語

モ든 업종에서 유용한 접객 한국어

広瀬直子 著

崔正熙 翻訳

アイケーブリッジ外語学院 制作協力

アルク

はじめに 改訂版に寄せて

　この本の原本である『みんなの接客英語』は2015年に、その翻訳版である『みんなの接客韓国語』は2017年に発売されました。フレーズの選定に際しては、接客業に従事する3,000人以上の方にアンケートやインタビューを実施し、「こんなことが外国語で言えたらもっといいサービスができるのに」という現場の経験をもとに、皆が使える・使いたいフレーズをまとめました。今回の改訂版では「プラスアルファのフレーズ」として、新しい生活様式に対応した表現を追加し、さらに役立つ1冊となりました。

　海外からの訪日者数は2019年には3,200万人近くにまで伸びましたが、2020年、世界は感染症に見舞われ、人やモノの流れは劇的に減少してしまいました。コロナ禍を経験した私たちは、対面で人と交流することの価値を痛感し、お店の人と簡単な言葉を交わすだけでも、心の健康に有益なのだということを知っています。

　筆者が住んでいる京都の町を歩いていると、海外からのお客様が日に日に増えていることを実感します。海外からのお客様が空港や駅に到着してから最初に接する日本人は、ほとんどの場合、接客業に従事されている皆さんです。皆さんは世界的に有名な日本の「おもてなし」スピリットを紹介する最前線にいるのです。本書が、訪日客をあたたかく歓迎し、素晴らしい思い出づくりの手伝いをするための一助となれば、筆者にとっては最高の幸せです。

2023年6月

広瀬直子

本書は『改訂版　みんなの接客英語』の韓国語版です。著者の広瀬直子先生による、あらゆる接客現場を想定したバラエティー豊かなフレーズは、接客業の現場の皆さん 3,000 人以上の声を最大限に生かしてまとめられたもので、韓国語版はフレーズの一部を韓国人のお客様と接する際により役立つものへと変更しています。

　韓国語があまり分からない方やハングルを読むことに自信がない方でも、接客の現場で韓国語を使っていただければと思い、本書は全フレーズにカタカナでルビを振っています。また韓国語に訳すにあたっては、①韓国人が理解しやすい、かつ②韓国語があまり分からない方や韓国語初級者でも発音しやすいという 2 点を最も重視しました。この方針に基づき、カタカナのルビは基本的には自然な発音に近い形で表記しています。
　また、今回の改訂版にあたっては、近年の新しい生活様式を取り入れた 7 章を加えました。言いたいフレーズが必ず見つかると思います。

　旅行の楽しみはいろいろありますが、最も心に深く刻まれるのは、現地の人たちとコミュニケーションが取れたり、その人々の素顔が垣間見られたりする経験ではないでしょうか。きっと、日本を訪れる韓国人も同じです。勇気を出して、韓国語でおもてなしをしてみましょう。そして、日本に良い印象を持ってくれる韓国人を一人でも増やそうではありませんか。

アイケーブリッジ外語学院

崔正熙（翻訳者）

幡野泉（制作協力）

目次

第1章 まずはここから覚える
全業種共通フレーズ

お客様の心をつかむ

飲食業のフレーズ

第3章　日本ならではの心遣いが光る
販売業のフレーズ

第4章 楽しい思い出を作っていただく
宿泊・レジャー・美容業 のフレーズ

第5章

備えあれば憂いなし

医療業＆病気・トラブルの際のフレーズ

第6章

トイレ、最寄り駅の場所もしっかり説明

道案内のためのフレーズ

本書の構成

本書は、接客業全般で共通して使われるフレーズを集めた第1章、その共通の枠ではくくれないものを、大きく4つに分けて整理した第2〜5章、お客様に求められる機会が多い道案内をテーマにした第6章、日々変化する現場に対応した第7章、そして、付録（貼り紙・POP例文集）から成り立っています。

接客韓国語をイチから勉強したい人は、まず第1章を読み、その後、自らの業務に関係する章を読み進めてください。また、業務に直接関係ない章からも言い回しのヒントが得られる可能性があるので、余力があればぜひ他の章にも目を通すことをおすすめします。必要なフレーズを直接探したい人は、目次や巻末の索引を活用しましょう。

来店したお客様を迎える　MP3 001

① 場面
② 音声
③ フレーズ
④ ルビ
⑤ 備考

（店に入ってきたお客様に）いらっしゃいませ。
어서 오세요.
オソ オセヨ

どうぞお入りください。
들어오세요.
トゥロオセヨ

お店の中にいる店員が外にいるお客様に話す場合は들어오세요(入ってきてください)、店員がお客様と同じように外にいる場合は들어가세요(トゥロガセヨ／入っていってください)と言います。

当店のご利用は初めてですか？
저희 가게는 처음이세요?
チョイ カゲヌン チョウミセヨ？

何かお伺いしましょうか？
뭐 찾으시는 거라도 있으세요?
ムォ チャジュシヌン ゴラド イッスセヨ？

韓国語文の直訳は「何かお探しのものでもありますか？」です。

見るだけでもどうぞ。
그냥 구경만 하셔도 돼요.
クニャン クギョンマン ハショド トゥェヨ

16

① 場面

接客の流れに合わせて進んでいきます。それぞれの場面で汎用的に使える
フレーズを紹介し、さらに、特定の業種でよく使われるフレーズは最後に
事例としてまとめて紹介しています。また、場面に関連して押さえておき
たい単語のリスト、その他、コラム、会話例も適宜用意しています。

② 音声

見出しフレーズ、単語リスト、および会話例の韓国語はすべて、音声をお
聞きいただけます。MP3マークの数字は、ファイル名と対応しています。
※音声のダウンロードについては、p.14をご覧ください。

③ フレーズ

さまざまな企業で接客業に従事されている方へリサーチを行った結果を基
に、「本当に言いたい」フレーズを選定しています。必要に応じて、灰色
で示されている部分を入れ替えて活用しましょう。

④ ルビ

フレーズには、カタカナでルビを振っています。韓国語の原音に近い発音
ができるよう工夫していますので、目安としてください。なお、ネイティ
ブスピーカー間でも地域、話者のクセなどによって発音は変わります。

⑤ 備考

内容によって、3種類のマークが使い分けられています。

おもてなし

文化背景の違うお客様に接する時のコツ、日本人らしい心遣いを韓
国語で表現する方法などをまとめています。お客様に、ご帰国の際
に良い思い出を持ち帰っていただけるよう活用してください。

注意

フレーズを使う上で気を付けてほしいこと、日本人が間違えやすい
ポイントなどについて整理しています。お客様との間で生じやすい
誤解やトラブルも未然に防げるようになります。

アドバイス

フレーズの補足説明や関連表現、その他接客時に役立つさまざまな
内容を取り上げています。

韓国語について

【文字について】

韓国語の文字を「ハングル」といいます。15世紀中ごろ、朝鮮王朝第4代の世宗大王によってつくられました。子音（14個）と母音（10個）の組み合わせで読むことができます。漢字語を由来とする言葉が70％程度占める点や「てにをは」の助詞があること、語順などが日本語と共通しています。

● 基本子音

ㄱ, ㄴ, ㄷ, ㄹ, ㅁ, ㅂ, ㅅ, ㅇ, ㅈ, ㅊ, ㅋ, ㅌ, ㅍ, ㅎ
※子音を2つ重ねた「濃音」が、このほかに5個あります。

● 母音

ㅏ, ㅑ, ㅓ, ㅕ, ㅗ, ㅛ, ㅜ, ㅠ, ㅡ, ㅣ
※母音同士を組み合わせた「合成母音」が、このほかに11個あります。

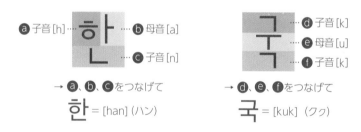

ⓐ 子音 [h] …… ⓑ 母音 [a]
…… ⓒ 子音 [n]

ⓓ 子音 [k]
…… ⓔ 母音 [u]
…… ⓕ 子音 [k]

→ ⓐ、ⓑ、ⓒをつなげて
한 = [han]（ハン）

→ ⓓ、ⓔ、ⓕをつなげて
국 = [kuk]（クク）

【発音とルビについて】

例えば上に挙げた「한」に「국」が続くと한국（意味：韓国）ですが、実際の音は「ハンクク」ではなく「ハン**グ**ク（hanguk）」です（2文字目の初めの音が濁る）。このように、韓国語にはいくつか音変化の規則があり、ハングル表記と実際の音が異なる場合があります。

本書では、ハングルを読むことに自信がない人でもフレーズを発することができるよう、韓国語の全フレーズに、ルビの形で発音を記しています。ルビは音変化に則して作成し、原音になるべく近い形で掲載しています。音声の助けを借りながら、フレーズを発音してみてください。

【文末表現について】

韓国語の丁寧語には、「ムニダ（ㅂ니다）体」と「ヨ（요）体」の2種類があります。本書では、格式を感じさせたい、パリッとした印象を与えたいシチュエーションでは「ムニダ体」を、柔らかさやフレンドリーさを出したいシチュエーションでは「ヨ体」を主に使用しています。

①ムニダ体

-(습/ㅂ)니다（～スムニダ／ムニダ）で終わる表現は、日本語の「～です」「～ます」にあたります。かしこまった表現で、もっとも丁寧に話したい場面で使います。疑問文は-(습/ㅂ)니까?（～スムニッカ？／ムニッカ？）となります。

좋습니다. （チョッスムニダ／良いです）

좋습니까? （チョッスムニッカ？／良いですか？）

②ヨ体

-(아/어)요（～アヨ／オヨ）で終わる表現も日本語の「～です」「～ます」にあたりますが、①よりも柔らかく、親しみを感じさせる丁寧語です。文末のイントネーションを上げるだけで疑問文になります。

좋아요. （チョアヨ／良いです）

좋아요? （チョアヨ？／良いですか？）

【韓国語の基礎を学べる書籍】

ハングルの書き方や基礎的な文法を知りたい人は、以下の書籍も参考にしてください。

● 『ゼロからはじめる韓国語書き込みレッスン』（キム・スノク著、アルク）

● 『目からウロコのハングル練習帳 改訂版』（八田靖史著、学研プラス）

音声ダウンロードについて

● パソコンでダウンロードする場合

以下のURLで「アルク ダウンロードセンター」にアクセスの上、画面の指示に従って、音声ファイルをダウンロードしてください。

https://portal-dlc.alc.co.jp

● スマートフォンでダウンロードする場合

QRコードから学習用アプリ「booco」をインストール（無料）の上、ホーム画面下「さがす」から本書を検索し、音声ファイルをダウンロードしてください。

（本書の書籍コードは7023035）

https://booco.page.link/4zHd

第1章

全業種共通
まずはここから覚える
フレーズ

来店したお客様への声かけや見送り、
会計への案内、忘れ物の対応など、
業種を問わずに使える表現を集めま
した。
まずはここから確認していきましょう。

来店したお客様を迎える

(店に入ってきたお客様に)いらっしゃいませ。
어서 오세요.
オソ オセヨ

どうぞお入りください。
들어오세요.
トゥロオセヨ

お店の中にいる店員が外にいるお客様に話す場合は들어오세요(入ってきて
ください)、店員がお客様と同じように外にいる場合は들어가세요(トゥロガ
セヨ／入っていってください)と言います。

当店のご利用は初めてですか？
저희 가게는 처음이세요?
チョイ カゲヌン チョウミセヨ？

何かお伺いしましょうか？
뭐 찾으시는 거라도 있으세요?
ムォ チャジュシヌン ゴラド イッスセヨ？

韓国語文の直訳は「何かお探しのものでもありますか？」です。

見るだけでもどうぞ。
그냥 구경만 하셔도 돼요.
クニャン クギョンマン ハショド トゥェヨ

かしこまりました。
알겠습니다.

アルゲッスムニダ

 お客様のご依頼やご注文に応じる時に使える、丁寧な言い方です。最初に네（ネ／はい）をつけて네, 알겠습니다.にすると、より自然な表現になります。

ご案内します。
안내해 드리겠습니다.

アンネヘ ドゥリゲッスムニダ

 드리겠습니다（トゥリゲッスムニダ）は「差し上げます」という意味で、接客の場面では頻繁に使われます。

こちらです。
이쪽입니다.

イッチョギムニダ

 「あちらです」であれば、저쪽입니다.（チョッチョギムニダ）です。

すぐにお持ちします。
바로 가져다 드리겠습니다.

パロ カジョダ ドゥリゲッスムニダ

確認いたします。

확인해 보겠습니다.

ファギネ ボゲッスムニダ

 韓国語文の直訳は「確認してみます」。お客様に何かを聞かれたけれど即座に答えられない場合は、このように述べましょう。

少々お待ちください。

잠시만 기다려 주세요.

チャムシマン キダリョ ジュセヨ

お待たせして申し訳ございません。

기다리게 해서 죄송합니다.

キダリゲ ヘソ チュェソンハムニダ

 この表現で、日本語の「お待たせしました」のニュアンスが十分伝わります。

いかがですか？

어떠세요?

オットセヨ？

 「お気に召しましたか？」や試着時の「着心地はいかがですか？」に当たる表現です。

(「～していいか」と聞かれた時の) どうぞ。
그럼요.
クロムニョ

日本語の「どうぞ」はいろいろな場面で使えるとても便利な言葉ですが、残念ながら韓国語にはこういった表現はありません。「～していいか」と聞かれた時の「どうぞ」は「もちろんですよ」の意味である그럼요.や물론이죠.(ムルロニジョ)を使います。

(品物を渡す時の) どうぞ。
여기 있습니다.
ヨギ イッスムニダ

料理を出す時は、주문하신 음식 나왔습니다.(チュムナシン ウムシン ナワッスムニダ／ご注文の料理が出ました)と言います。

どういたしまして。
뭘요.
ムォルリョ

日本語を直訳すると「천만에요(チョンマネヨ)」ですが、뭘요や아니에요(アニエヨ)をよく使います。

ありがとうございました。
감사합니다.
カムサハムニダ

またいらしてください。
또 오세요.
ット オセヨ

聞き取れない・わからない

何とおっしゃいましたか？
(죄송하지만) 뭐라고 하셨죠?
(チュェソンハジマン)ムォラゴ ハショッチョ？

 冒頭に「죄송하지만(申し訳ありませんが)」を付けるとより丁寧です。

もう一度おっしゃってくださいますか？
다시 한번 말씀해 주시겠어요?
タシ ハンボン マルスメ ジュシゲッソヨ？

もう少しゆっくり話していただけますか？
좀 더 천천히 말씀해 주시겠어요?
チョム ド チョンチョニ マルスメ ジュシゲッソヨ？

英語で何と言いますか？
영어로 뭐라고 하나요?
ヨンオロ ムォラゴ ハナヨ？

英語または漢字をお願いできますか？
영어나 한자로는 어떻게 되나요?
ヨンオナ ハンチャロヌン オットケ トゥェナヨ？

 注文が聞き取れなかった時、こう聞けば、英語または漢字で答えてくれるはずです。紙とペンをお渡ししても良いでしょう。

ここに書いてくださいますか？

여기에 써 주시겠어요?

ヨギエ ッソ ジュシゲッソヨ？

韓国語の話せる者を連れてまいります。

한국어 가능한 직원을 데리고 오겠습니다.

ハングゴ カヌンハン チグォヌル テリゴ オゲッスムニダ

申し訳ありませんが、韓国語を話せる者がおりません。

죄송하지만 한국어 가능한 직원이 없어요.

チュェソンハジマン ハングゴ カヌンハン チグォニ オプソヨ

あちらでお会計をお願いします。

계산은 저쪽에서 해 주세요.

ケサヌン チョッチョゲソ ヘ ジュセヨ

こちらのカゴをお使いください。

이 바구니를 사용해 주세요.

イ パグニルル サヨンヘ ジュセヨ

空箱をレジにお持ちください。

빈 상자를 계산대로 가지고 가시면 돼요.

ピン サンジャルル ケサンデロ カジゴ カシミョン トゥェヨ

高額商品や一部の医薬品を空箱にして陳列するのは、日本ならではの習慣です。不思議に思ったお客様には보안 때문에요.(ポアン ッテムネヨ／防犯目的です)や법률적인 문제 때문에요.(ポムニュルチョギン ムンジェ ッテムネヨ／法律上の理由のためです)などとお伝えすれば良いでしょう。

実物はスタッフにお尋ねください。

현물은 직원한테 말씀해 주세요.

ヒョンムルン チグォナンテ マルスメ ジュセヨ

足元の青い線に沿って並んでください。

발밑의 파란 선을 따라서 줄 서 주세요.

パルミテ パラン ソヌル ッタラソ チュル ソ ジュセヨ

列に並んでお待ちください。
줄을 서서 기다려 주세요.
チュルル ソソ キダリョ ジュセヨ

こちらの列にお移りいただけますか？
이쪽 줄로 이동해 주시겠어요?
イッチョク チュルロ イドンヘ ジュシゲッソヨ？

列の最後尾にお並びください。
맨 뒤로 가서 줄 서 주세요.
メン トゥィロ カソ チュルル ソ ジュセヨ

お次にお待ちのお客様、こちらのレジへどうぞ。
다음 손님, 이쪽 계산대로 오세요.
タウム ソンニム、イッチョク ケサンデロ オセヨ

 列に並んでいるお客様に向けて、手を挙げてこう言いましょう。または、다음 손님！（次のお客様！）だけでも構いません。

このフロアの商品は、こちらでご精算くださいませ。
이 층에 있는 상품은 여기서 계산해 주세요.
イ チュンエ インヌン サンプムン ヨギソ ケサネ ジュセヨ

 「フロア」は韓国語で층（チュン）と言います。층には「～階」の意味もあり、지하 1층（チハ イルチュン／地下1階）、2층（イチュン／2階）のように表現できます。

会計1 金額を伝える

合計はこちらになります。
이게 합계 금액이에요.

イゲ ハプケ クメギエヨ

数字を韓国語で読むのが難しい場合は、レジに表示される金額を見せながら
こう言いましょう。

税込みで1,100円になります。
소비세 포함해서 1,100엔입니다.

ソビセ ポハメソ チョンベゲニムニダ

金額の読み方はp.26のコラムを参照してください。

こちらは税抜きの表示です。
이건 소비세가 포함되지 않은 금액이에요.

イゴン ソビセガ ポハムドゥェジ アヌン クメギエヨ

税抜き表示の商品をレジに通した際、税込みの支払額が現れ、そこで「値段
が違う」と言われることがあります。その時には、値札の金額を指しながら
こう言いましょう。

合計3点でよろしいですか？
총 세 개 맞으신가요?

チョン セ ゲ マジュシンガヨ？

以上でよろしいですか？
더 계산할 거 없으세요?
ト ケサナル コ オプスセヨ？

 韓国語文の直訳は「他に計算するものはありませんか？」です。

550円です。
550엔입니다.
オベクオ シベニムニダ

5点で1,000円です。
다섯 개에 1,000엔입니다.
タソッ ケエ チョネニムニダ

レジ袋は1枚5円ですが、ご利用になりますか？
봉투는 한 장에 5엔인데 사용하시겠어요?
ポントゥヌン ハン ジャンエ オエニンデ サヨンハシゲッソヨ？

 韓国語では、レジ袋をビニル봉투（ビニルポントゥ／ビニール袋）と言いますが、これを略して봉투と言うのが一般的です。

サービス料10%が含まれております。
봉사료 10%가 이미 포함돼 있어요.
ポンサリョ シッポセントゥガ イミ ポハムドゥェ イッソヨ

数字の読み方

韓国語の数字には、「いち、に、さん」といった読み方の「漢数詞」と、「ひとつ、ふたつ、みっつ」のような読み方の「固有数詞」があります。どのように使い分けるのか、見てみましょう。

1）漢数詞

1	2	3	4	5	6	7
일 (イル)	이 (イ)	삼 (サム)	사 (サ)	오 (オ)	육 (ユク)	칠 (チル)
8	9	10	100	1000	10000	
팔 (パル)	구 (ク)	십 (シプ)	백 (ペク)	천 (チョン)	만 (マン)	

1-1 電話番号

例 03-5157-2424 (공삼에 오일오칠에 이사이사／コンサメ オイルオチレ イサイサ)

ハイフンは、에（エ）の音で読みます。なお、電話番号で0（ゼロ）を読む場合は、공（コン）が用いられます。

1-2 年月日

例 2017年5月8日 (이천십칠 년 오 월 팔 일／イチョンシプチルリョン オウォル パリル)

1-3 金額

例 26,980円 (이만 육천 구백 팔십 엔／イマン ニュクチョン クベク パルシベン)

「1000」「10000」は、それぞれ「천（チョン）」「만（マン）」と読みます。前に「1」の意味を持つ일（イル）はつきませんので、注意しましょう。

2）固有数詞

1つ	2つ	3つ	4つ	5つ
하나, 한 (ハナ, ハン)	둘, 두 (トゥル, トゥ)	셋, 세 (セッ, セ)	넷, 네 (ネッ, ネ)	다섯 (タソッ)
6つ	7つ	8つ	9つ	10 (とお)
여섯 (ヨソッ)	일곱 (イルゴプ)	여덟 (ヨドル)	아홉 (アホプ)	열 (ヨル)

※1つ～4つは、数える単位がつくと2番目の形に変化します。

2-1 時間 （「時」は固有数詞、「分」「秒」は漢数詞）

例 4時35分20秒 (네 시 삼십오 분 이십 초／ネ シ サムシボ ブン イシプ チョ)

「○時」にあたる部分は固有数詞で、「○分」「○秒」は漢数詞で表します。

2-2 人数や個数

例 3名 (세 명／セ ミョン)、5個 (다섯 개／タソッ ケ)、4杯 (네 잔／ネ ジャン)、7回 (일곱 번／イルゴッ ポン)、9枚 (아홉 장／アホプ チャン)

ただし、料理の「○人前」は漢数詞を用います (例：2인분 イインブン／2人前)。

会計2 支払い方法

お会計はご一緒ですか？　別々ですか？
계산은 같이 하시겠어요? 따로 하시겠어요?

ケサヌン カチ ハシゲッソヨ? ッタロ ハシゲッソヨ?

「(ホテルの)部屋付けにしますか？」なら、방 번호로 계산해 드릴까요?（パンボノロ ケサネ ドゥリルカヨ）です。

お会計は現金ですか？　カードですか？
계산은 현금으로 하시겠어요? 카드로 하시겠어요?

ケサヌン ヒョングムロ ハシゲッソヨ? カドゥロ ハシゲッソヨ?

お支払い方法は現金のみとなっております。
현금 결제만 가능해요.

ヒョングム キョルチェマン カヌンヘヨ

円でお支払いになりますか？　ウォンになさいますか？
계산은 엔화로 하시겠어요? 원화로 하시겠어요?

ケサヌン エヌァロ ハシゲッソヨ? ウォヌァロ ハシゲッソヨ?

엔（エン／円）、원（ウォン）を使って、「円で」は엔으로（エヌロ）、「ウォンで」は원으로（ウォヌロ）とも表現できます。

ウォンはお使いいただけません。日本円とクレジットカードのみ使えます。

원화는 사용하실 수 없어요. 엔화하고 신용카드만 가능해요.

ウォヌァヌン サヨンハシル ス オプソヨ。エヌァハゴ シニョンカドゥマン カヌンヘヨ

 「クレジットカード」は、韓国語では신용카드と言います。直訳すると「信用カード」です。

日本円、ウォン、カードの併用払いができます。

엔화, 원화, 신용카드를 섞어서 사용하실 수 있어요.

エヌァ、ウォヌァ、シニョンカドゥルル ソッコソ サヨンハシル ス イッソヨ

お釣りは日本円になります。

거스름돈은 엔화로 나와요.

コスルムトヌン エヌァロ ナワヨ

電子マネーは扱っておりません。

전자화폐는 사용하실 수 없어요.

チョンジャファペヌン サヨンハシル ス オプソヨ

 「電子マネー」は、韓国語では전자화폐と言います。直訳すると「電子貨幣」です。

会計3 お金を受け取る・渡す

10,000円お預かりします。
10,000엔 받았습니다.

マネン パダッスムニダ

韓国では、何も言わずにお金を受け取る場合が多いですが、このように言っ
て両手で受け取ることで丁寧さを演出できるでしょう。

4,550円のお返しになります。
여기 거스름돈 4,550엔입니다.

ヨギ コスルムトン サチョン オベク オシベニムニダ

大きい方(紙幣)から4,000円のお返しです。そして、
残り550円のお返しです。
지폐 4,000엔하고 잔돈 550엔입니다.

チペ サチョネナゴ チャンドン オベク オシベニムニダ

お釣りを返す時、お札も硬貨も一度に渡す国が多いので、こうすることで丁
寧な印象を与えることができます。

(数えながら)千、2千、3千、4千円、そして残り550円
のお返しです。

천, 2천, 3천, 4천 엔하고 잔돈 550엔입니다.

チョン、イチョン、サムチョン、サチョネナゴ チャンドン オベク オシベニムニダ

お釣りです。

거스름돈 여기 있습니다.

コスルムトン ヨギ イッスムニダ

ちょうど頂きます。

정확하게 받았습니다.

チョンファカゲ パダッスムニダ

 韓国語文の直訳は「正確に頂きました」です。350엔、정확하게 받았습니다.(サム
ベク オシベン、チョンファカゲ パダッスムニダ／350円ちょうど頂きます)の
ように、金額を前に付けるとより自然な表現になります。

100円多いです。

100엔 더 주셨네요.

ペゲント チュションネヨ

あと100円足りません。

100엔 모자라네요.

ペゲン モジャラネヨ

細かいお金はございますか？
잔돈은 없으세요?
チャンドヌン オプスセヨ？

韓国語では「細かいお金」というよりは、具体的な金額を出して尋ねるのが一般的です。例えば、1万円札を出されたら、천 엔짜리 없으세요?(チョネンチャリ オプスセヨ？／千円札はございませんか？)のように言います。

小銭をお取りしましょうか？
동전으로 계산해 드릴까요?
トンジョヌロ ケサネ ドゥリルカヨ？

日本の硬貨に不慣れでついついお札を出してしまうお客様もいます。小銭を出しあぐねていらっしゃる方には、こう声をお掛けすると親切です。

お釣りが小銭ばかりですみません。
거스름돈이 동전뿐이라 죄송해요.
コスルムトニ トンジョンプニラ チェソンヘヨ

韓国でこのように謝ることは非常に少ないですが、お客様に細やかな心遣いを示すことができるかもしれません。

すみません、今お釣りが切れています。
죄송한데 지금 동전이 다 떨어졌네요.
チュェソンハンデ チグム トンジョニ タ ットロジョンネヨ

VisaとMasterがご利用いただけます。
비자카드하고 마스터카드는 사용 가능합니다.
ビジャカドゥハゴ マストカドゥヌン サヨン カヌンハムニダ

ご一括払いでよろしいですか？
일시불로 해 드릴까요?
イルシブルロ ヘ ドゥリルカヨ？

韓国ではクレジットカードの利用者が非常に多く、日常化しています。少額の場合は一括払いでまず問題ないでしょうが、念のために確認しましょう。

クレジットカードはご一括払いのみです。
신용카드는 일시불만 가능해요.
シニョンカドゥヌン イルシブルマン カヌンヘヨ

分割払いになさいますか？
할부로 하시겠습니까?
ハルブロ ハシゲッスムニッカ？

高額商品をご購入のお客様には必ずこのように確認しましょう。分割払いを希望のお客様は、3개월・6개월・12개월(サムゲウォル・ユッケウォル・シビゲウォル／3回払い・6回払い・12回払い)＋로 해 주세요.(ロ ヘ ジュセヨ／でお願いします)などと答えます。

お買い上げ3,000円未満ですので、サインはご不要です。
구매액이 3,000엔 미만이라 사인은 필요 없어요.
クメエギ サムチョネン ミマニラ サイヌン ピリョ オプソヨ

クレジットカードは、1,000円未満のご購入にはご利用
いただけません。
구매액이 1,000엔 미만일 때는 신용카드를
사용하실 수 없어요.
クメエギ チョネン ミマニル ッテヌン シニョンカドゥルル サヨンハシル ス オプソヨ

手数料は掛かりません。
수수료는 안 들어요.
ススリョヌン アン ドゥロヨ

こちらにカードを通して／入れてください。
여기에 카드를 통과시켜 / 넣어 주세요.
ヨギエ カドゥルル トングァシキョ／ノオ ジュセヨ

暗証番号を入力してください。
비밀번호를 입력해 주세요.
ピミルボノルル イムニョケ ジュセヨ

 入力し終わった後の「確認ボタンを押してください」は、確認 ボタンを押して주
세요.(ファギン ボトゥヌル ヌルロ ジュセヨ)です。

こちらにサインをお願いします。

여기에 사인해 주세요.

ヨギエ サイネ ジュセヨ

すみません、こちらの会社のクレジットカードは使え
ません。

죄송하지만 이 회사의 신용카드는 사용하실 수
없어요.

チュェソンハジマン イ フェサエ シニョンカドゥヌン サヨンハシル ス オプソヨ

 韓国で使えるカードがなぜ使えないのか、いぶかしがるお客様もいらっしゃ
います。できれば理由と併せて、申し訳なさそうに伝えた方が良いでしょう。

こちらのカードは、磁気不良で使用できません。

이 카드는 마그네틱이 손상돼서 사용하실 수
없어요.

イ カドゥヌン マグネティギ ソンサンドゥェソ サヨンハシル ス オプソヨ

こちらのカードは、期限切れで使用できません。

이 카드는 유효기한이 만료돼서 사용하실 수
없어요.

イ カドゥヌン ユヒョギハニ マルリョドゥェソ サヨンハシル ス オプソヨ

こちらのカードは、限度額オーバーで使用できません。

이 카드는 한도가 초과돼서 사용하실 수 없어요.

イ カドゥヌン ハンドガ チョグァドゥェソ サヨンハシル ス オプソヨ

他のカードはお持ちですか？

다른 카드는 없으세요?

タルン カドゥヌン オプスセヨ？

韓国語文の直訳は「他のカードはございませんか？」です。

カード会社に確認なさいますか？

카드 회사에 확인해 보시겠습니까?

カドゥ フェサエ ファギネ ボシゲッスムニッカ？

こう言ってカード会社に電話をし、オペレーターとの通話はお客様にお任せすると良いでしょう。

ポイントカードはお持ちですか？
포인트 카드 있으세요?
ポイントゥ カドゥ イッスセヨ？

ポイントカードをお作りしましょうか？
포인트 카드 만드시겠습니까?
ポイントゥ カドゥ マンドゥシゲッスムニッカ？

この用紙に必要事項をご記入いただけますか？
이 용지에 필요사항을 기입해 주시겠습니까?
イ ヨンジエ ピリョサハンウル キイペ ジュシゲッスムニッカ？

有効期限はありません。
유효기한은 없어요.
ユヒョギハヌン オプソヨ

入会金・年会費は無料です。
입회비하고 연회비는 무료예요.
イプェビハゴ ヨヌェビヌン ムリョエヨ

ポイントをお使いになりますか？　現在、50ポイント
ございます。

포인트 사용하시겠습니까? 지금 50포인트 있으세요.

ポイントゥ サヨンハシゲッスムニッカ？ チグム オシッポイントゥ イッスセヨ

切手・ハガキのご購入はポイント加算対象外です。

우표하고 엽서는 포인트 적립이 안 돼요.

ウピョハゴ ヨプソヌン ポイントゥ チョンニビ アン ドゥェヨ

100円お買い上げごとに1つスタンプを押します。

100엔 결제할 때마다 스탬프를 하나씩 찍어 드려요.

ペゲン キョルチェハル ッテマダ ステムプルル ハナッシク ッチゴ ドゥリョヨ

 「1ポイントが貯まります」なら、1포인트씩 적립됩니다.(イルポイントゥッシク チョンニプトゥェムニダ)になります。

スタンプが30個貯まると1,000円分無料となります。

스탬프가 서른 개 모이면 1,000엔어치를 무료로 결제할 수 있어요.

ステムプガ ソルン ゲ モイミョン チョネオチルル ムリョロ キョルチェハル ス イッソヨ

カードのご提示で5%引きになります。

카드를 제시하시면 5% 할인돼요.

カドゥルル チェシハシミョン オボセントゥ ハリンドゥェヨ

レシート(領収書)はご入り用ですか？

영수증 필요하세요?

ヨンスジュン ピリョハセヨ？

韓国では①현금영수증(ヒョングミョンスジュン／現金領収証)、②신용카드전표(シニョンカドゥジョンピョ／クレジットカード伝票)、③간이영수증(カニヨンスジュン／簡易領収証)などがあります。①は日本のレシートに当たるもので、短く영수증(ヨンスジュン)とも言います。②はクレジットカードの伝票、③は手書きの領収書を意味します。

お宛名はいかがなさいますか？

받는 사람 이름은 어떻게 해 드릴까요?

パンヌン サラム イルムン オットケ ヘ ドゥリルカヨ？

「ただし書きはどういたしますか」の場合は、내역은 뭐라고 써 드릴까요?(ネヨグン ムォラゴ ッソ ドゥリルカヨ？／内訳は何と書きましょうか？)で通じます。

カードとレシートのお返しです。

카드하고 영수증 여기 있습니다.

カドゥハゴ ヨンスジュン ヨギ イッスムニダ

お客様控えです。

손님 보관용이에요.

ソンニム ボグァンニョンイエヨ

電話応対をする

全業種共通

担当者におつなぎいたします。

담당자 연결해 드리겠습니다.

タムダンジャ ヨンギョレ ドゥリゲッスムニダ

担当者は不在にしております。

담당자가 자리에 없네요.

タムダンジャガ チャリエ オムネヨ

お名前とお電話番号をお伺いできますか？

성함하고 전화번호를 말씀해 주시겠습니까?

ソンハマゴ チョヌァボノルル マルスメ ジュシゲッスムニッカ？

すみません、お電話が遠いようです。

죄송한데 잘 안 들리네요.

チュェソンハンデ チャル アン ドゥルリネヨ

ペンとメモのご用意をお願いします。

볼펜하고 메모지를 준비해 주세요.

ポルペナゴ メモジルル チュンビヘ ジュセヨ

確認して、後でお電話いたします。

확인한 후에 다시 전화드리겠습니다.

ファギナン フエ タシ チョヌァドゥリゲッスムニダ

お客様を見送る

（お支払いを済ませたお客様に）ありがとうございました。

감사합니다.

カムサハムニダ

またのお越しをお待ちしております。

다음에 또 오세요.

タウメ ット オセヨ

 韓国語文の直訳は「次回また来てください」で、韓国で店員がよく使うフレーズです。お客様を見送る時にこう言うと、好感を持っていただけます。

お気を付けて。

조심히 가세요.

チョシミ ガセヨ

出口までご案内します。

입구까지 모셔다 드리겠습니다.

イプクッカジ モショダ ドゥリゲッスムニダ

 韓国語では、출구（チュルグ／出口）ではなく、입구（イプク／入口）を用いるのが一般的です。

お忘れ物はございませんか？

두고 오신 물건은 없으세요?

トゥゴ オシン ムルゴヌン オプスセヨ？

(店を離れるのを呼び止めて)お客様！

손님!

ソンニム

 お客様を呼ぶ時は、손님(ソンニム)と고객님(コゲンニム)の2つの言い方があります。前者がより汎用的に使えるもので、後者は少しフォーマルな表現です。

こちらの傘はお客様のものではございませんか？

이거 손님 우산 아니세요?

イゴ ソンニム ウサン アニセヨ？

タクシーをお呼びいたしましょうか？

택시 불러 드릴까요?

テクシ プルロ ドゥリルカヨ？

楽しい1日をお過ごしください。

좋은 하루 되세요.

チョウン ハル トゥェセヨ

 韓国語文の直訳は「良い1日になってください」です。하루の部分を、시간(シガン/時間)、밤(パム/夜)、여행(ヨヘン/旅行)などに置き換えることができます。

今後ともよろしくお願いします。

앞으로도 많이 이용해 주세요.

アプロド マニ イヨンヘ ジュセヨ

 韓国語文の直訳は「今後もたくさんご利用ください」です。

41

どこに置き忘れたか、覚えていらっしゃいますか？

어디에 두셨는지 기억 나세요?

オディエ トゥションヌンジ キオンナセヨ？

どのようなものですか？

어떻게 생긴 건가요?

オットケ センギン ゴンガヨ？

 「色」「大きさ」などを詳しく答えてもらいたい時に使いましょう。

そういったものはこちらには届いておりません。

그런 물건은 접수된 게 없네요.

クロン ムルゴヌン チョプスドゥェン ゲ オムネヨ

お電話番号とご住所を教えていただけますか？

전화번호하고 주소를 말씀해 주시겠습니까?

チョヌァボノハゴ チュソルル マルスメ ジュシゲッスムニッカ？

 전화번호하고 주소の代わりに연락처（ヨルラクチョ／連絡先）と言ってもOK です。

見つかり次第ご連絡いたします。

찾는 대로 연락드리겠습니다.

チャンヌン デロ ヨルラクトゥリゲッスムニダ

お届けがあります。

접수된 게 있네요.

チョプスドゥェン ゲ インネヨ

こちらでしょうか？

이게 맞으신가요?

イゲ マジュシンガヨ？

身分証をお見せいただけますか？

신분증을 보여 주시겠습니까?

シンブンチュンウル ポヨ ジュシゲッスムニッカ？

 신분증을の代わりに여권을(ヨックォヌル／パスポートを)と言っても良いで
しょう。

ご本人確認のため、お名前を教えていただけますか？

본인 확인이 필요한데 성함을 말씀해
주시겠습니까?

ポニン ファギニ ピリョハンデ ソンハムル マルスメ ジュシゲッスムニッカ？

営業日・営業時間を伝える

営業時間は午前10時から午後8時30分です。

영업시간은 오전 10시부터 오후 8시 30분까지예요.

ヨンオプシガヌン オジョン ヨルシプト オフ ヨドルシ サムシップンカジエヨ

土曜は午後8時まで、日曜は午後9時まで営業しております。

토요일은 오후 8시까지, 일요일은 오후 9시까지 영업해요.

トヨイルン オフ ヨドルシッカジ、イリョイルン オフ アホプシッカジ ヨンオペヨ

ご入店は午後10時までとさせていただいております。

오후 10시까지만 손님을 받아요.

オフ ヨルシッカジマン ソンニムル パダヨ

 韓国語文の直訳は「午後10時までお客様を受け入れます」です。

24時間営業です。

24시간 영업해요.

イシプサシガン ヨンオペヨ

年中無休です（毎日営業）。

연중무휴예요.

ヨンジュンムヒュエヨ

年中無休です（毎日営業、24時間）。
365일 24시간 영업해요.
サムベンニュクシボイル イシプサシガン ヨンオペヨ

定休日は日曜日と祝祭日です。
정기휴일은 일요일하고 공휴일이에요.
チョンギヒュイルン イリョイラゴ コンヒュイリエヨ

定休日は毎月第4月曜日です。
정기휴일은 매월 넷째 월요일이에요.
チョンギヒュイルン メウォル ネッチェ ウォリョイリエヨ

 「第1、第2、第3、第4」は、첫째（チョッチェ）、둘째（トゥルチェ）、셋째（セッチェ）、넷째（ネッチェ）と言います。

今月は15日以外、休まず営業しております。
이번 달은 15일을 제외하고 다 영업해요.
イボン タルン シボイルル チェウェハゴ タ ヨンオペヨ

12月31日から1月3日まで休業しております。
12월 31일부터 1월 3일까지 휴무예요.
シビウォル サムシビリルブト イルォル サミルカジ ヒュムエヨ

| 月・日・曜日 | | | |

● 1月	1월	イルォル
● 2月	2월	イウォル
● 3月	3월	サムォル
● 4月	4월	サウォル
● 5月	5월	オウォル
● 6月	6월	ユウォル
● 7月	7월	チルォル
● 8月	8월	パルォル
● 9月	9월	クウォル
● 10月	10월	シウォル
● 11月	11월	シビルォル
● 12月	12월	シビウォル
● 1日	1일	イリル
● 2日	2일	イイル
● 3日	3일	サミル
● 4日	4일	サイル
● 5日	5일	オイル
● 6日	6일	ユギル
● 7日	7일	チリル
● 8日	8일	パリル
● 9日	9일	クイル
● 10日	10일	シビル
● 11日	11일	シビリル
● 12日	12일	シビイル
● 13日	13일	シプサミル
● 14日	14일	シプサイル
● 15日	15일	シボイル
● 16日	16일	シムニュギル

● 17日	17일	シプチリル
● 18日	18일	シプパリル
● 19日	19일	シプクイル
● 20日	20일	イシビル
● 21日	21일	イシビリル
● 22日	22일	イシビイル
● 23日	23일	イシプサミル
● 24日	24일	イシプサイル
● 25日	25일	イシボイル
● 26日	26일	イシムニュギル
● 27日	27일	イシプチリル
● 28日	28일	イシプパリル
● 29日	29일	イシプクイル
● 30日	30일	サムシビル
● 31日	31일	サムシビリル
● 月曜日	월요일	ウォリョイル
● 火曜日	화요일	ファヨイル
● 水曜日	수요일	スヨイル
● 木曜日	목요일	モギョイル
● 金曜日	금요일	クミョイル
● 土曜日	토요일	トヨイル
● 日曜日	일요일	イリョイル

第2章

お客様の心をつかむ
飲食業のフレーズ

カフェ、レストラン、居酒屋など、飲食店での接客に使える表現です。
食材や食べ方について伝えるのはもちろん、店や注文のシステムも説明できるように覚えていきましょう。

来店したお客様に

MP3 016

何名様ですか？
몇 분이세요?
ミョッ プニセヨ？

두 명요.(トゥ ミョンヨ／2人です)、세 명요.(セ ミョンヨ／3人です)、어른 둘, 아이 둘요.(オルン トゥル、アイ トゥルリョ／大人2人、子供2人です)、5인용 자리로 해 주세요.(オインニョン チャリロ ヘ ジュセヨ／5人用のテーブルをお願いします)といった回答が想定されます。

ただ今お席の準備をいたします。
바로 자리를 준비해 드리겠습니다.
パロ チャリルル チュンビヘ ドゥリゲッスムニダ

テーブル席とカウンター席のどちらがよろしいですか？
테이블석하고 카운터석 중에서 어느 쪽으로
하시겠습니까?
テイブルソカゴ カウントソク チュンエソ オヌ ッチョグロ ハシゲッスムニッカ？

見えるところにあれば、手で指し示しながら言いましょう。「座敷席」は、다다미방(タダミバン／畳部屋)になります。

コートをお預かりしましょうか？
코트를 보관해 드릴까요?
コトゥルル ポグァネ ドゥリルカヨ？

코트를の部分は、状況に応じて우산을(ウサヌル／傘を)、가방을(カバンウル／かばん、荷物)などと置き換えて使いましょう。

50

ご予約はされていますか？

예약하셨습니까?

イェヤカショッスムニッカ？

ご予約のお名前をお伺いできますか？

예약하신 분 성함을 말씀해 주시겠습니까?

イェヤカシン ブン ソンハムル マルスメ ジュシゲッスムニッカ？

 お客様の回答は、이하나로 예약했어요.(イハナロ イェヤケッソヨ／イ・ハナ で予約しています)のようになります。

本日は予約のお客様でいっぱいです。

오늘은 예약이 다 찼습니다.

オヌルン イェヤギ タ チャッスムニダ

2時間制ですが、よろしいですか？

2시간제인데 괜찮으시겠어요?

トゥシガンジェインデ クェンチャヌシゲッソヨ？

午後11時で閉店ですがよろしいですか？

오후 11시에 영업이 끝나는데 괜찮으시겠어요?

オフ ヨランシエ ヨンオビックンナヌンデ クェンチャヌシゲッソヨ？

 閉店が近くなって駆け込みでいらっしゃるお客様には、閉店までの時間をお伝 えしておくと、万一のトラブルを避けられます。

本日の営業時間は終了しました。

오늘 영업시간은 끝났습니다.

オヌル ヨンオプシガヌン ックンナッスムニダ

席に案内する

お好きなお席へどうぞ。

편하신 자리로 앉으세요.

ピョナシン チャリロ アンジュセヨ

 편하신 자리를 直訳すると「楽な席」になります。편하신을 원하시는(ウォナシヌン／ご希望の)に置き換えても通じます。

奥のお席にどうぞ。

안쪽으로 앉으세요.

アンチョグロ アンジュセヨ

 「手前のお席に」なら、앞쪽으로(アプチョグロ)、「窓際のお席に」は창쪽으로(チャンチョグロ)、「カウンターのお席に」は카운터쪽으로(カウントッチョグロ)と言い換えてください。

お席は別れても大丈夫ですか？

자리가 떨어져도 괜찮으세요?

チャリガ ットロジョド クェンチャヌセヨ？

相席になりますが、よろしいですか？

합석하셔야 하는데 괜찮으세요?

ハプソカショヤ ハヌンデ クェンチャヌセヨ？

 韓国では、飲食店での相席は一般的ではありません。断られたら、席が空くまで待っていただきましょう。

カウンター席でもよろしいですか？
카운터석이라도 괜찮으세요?
カウントソギラド クェンチャヌセヨ？

混んできましたら、お席の移動のご協力をお願いします。
나중에 붐비면 자리를 옮겨 주실 수 있을까요?
ナジュンエ プムビミョン チャリルル オムギョ ジュシル ス イッスルカヨ？

 韓国語文の直訳は「後で混んだら、席を移動していただくことはできますか？」
です。

こちらの席でよろしいですか？
이쪽 자리 괜찮으세요?
イッチョク チャリ クェンチャヌセヨ？

喫煙席と禁煙席、どちらがよろしいですか？
흡연석하고 금연석 중에서 어느 쪽으로
하시겠습니까?
フビョンソカゴ クミョンソク チュンエソ オヌ ッチョグロ ハシゲッスムニッカ？

喫煙席／禁煙席しか空いておりません。
자리가 흡연석 / 금연석밖에 없네요.
チャリガ フビョンソク／クミョンソクパッケ オムネヨ

 韓国では、2015年から飲食店での喫煙が全面禁止になりました。たばこの
煙を気にするお客様が多いことを念頭に置いて接客すると良いでしょう。

❷
飲食業

お履物はこちらでお脱ぎください。

여기서 신발을 벗어 주세요.

ヨギソ シンバルルル ポソ ジュセヨ

靴はこちらの靴箱にお入れください。

신발은 이쪽 신발장에 넣어 주세요.

シンバルン イッチョク シンバルチャンエ ノオ ジュセヨ

(熱い)おしぼりでございます。

(뜨거운) 물수건입니다.

(ットゥゴウン) ムルスゴニムニダ

 冷たいおしぼりの場合は、뜨거운を찬(チャン)に換えましょう。韓国でもおしぼりが出てくるお店があるので、おしぼりについては特に説明は必要ないでしょう。

全員おそろいですか？

다 오셨습니까?

タ オショッスムニッカ？

❷
飲食業

現在満席です。
지금 자리가 다 찼어요.
チグム チャリガ タ チャッソヨ

30分ほどお待ちいただくと思います。
30분 정도 기다리셔야 할 것 같아요.
サムシップン チョンド キダリショヤ ハル コッ カタヨ

15分ぐらいでお席のご用意ができます。
15분 정도면 자리 준비가 가능합니다.
シボプン チョンドミョン チャリ チュンビガ カヌンハムニダ

待ち時間がどれくらいになるか、はっきりとは申し上げられません。
대기시간을 확실히 말씀드리기가 어려워요.
テギシガヌル ファクシリ マルスムドゥリギガ オリョウォヨ

 韓国語文の直訳は「待機時間を確実に申し上げるのが難しいです」です。

順番にご案内いたします。
순서대로 안내해 드리겠습니다.
スンソデロ アンネヘ ドゥリゲッスムニダ

（「何番目ですか？」に対して）お客様は5番目です。

손님은 다섯 번째세요.

ソンニムン タソッ ポンチェセヨ

 저는 몇 번째예요?(チョヌン ミョッ ポンッチェエヨ？／私は何番目ですか？）
とお客様に聞かれた場合は、このように返答します。

こちらにお名前を書いてお待ちください。

여기에 성함을 적고 기다려 주세요.

ヨギエ ソンハムル チョッコ キダリョ ジュセヨ

こちらに1列に並んでお待ちください。

이쪽에 한 줄로 서서 기다려 주세요.

イッチョゲ ハン ジュルロ ソソ キダリョ ジュセヨ

メニューをご覧になってお待ちいただけますか？

메뉴판을 보시면서 기다려 주시겠어요?

メニュパヌル ポシミョンソ キダリョ ジュシゲッソヨ？

 「申し訳ありませんが、韓国語のメニューはございません」は、죄송하지만 한
국어 메뉴판은 없습니다.(チェソンハジマン ハングゴ メニュパヌン オプス
ムニダ）です。

ここでお待ちください。

여기서 기다려 주세요.

ヨギソ キダリョ ジュセヨ

韓国語のメニューを取ってまいりますので、お待ちください。

한국어 메뉴판을 가져올 테니까 기다려 주세요.

ハングゴ メニュパヌル カジョオル テニッカ キダリョ ジュセヨ

日本に不慣れなお客様の場合、メニューの韓国語を見ても、その料理がどういうものなのかピンとこないことが多々あります。和食については特に、写真を添えたメニューが喜ばれます。

❷
飲食業

3名でお待ちのキム・ミンギ様、こちらへどうぞ。

세 분으로 예약하신 김민기 님, 이쪽으로 오세요.

セ ブヌロ イェヤカシン キムミンギニム、イッチョグロ オセヨ

当日のご来店でも、ウェイティングリストに名前を書いて待って頂いた場合、예약하신(イェヤカシン／ご予約の)と表現できます。

お席の準備ができましたので、ご案内いたします。

자리 준비가 다 됐으니까 안내해 드리겠습니다.

チャリ チュンビガ タ ドゥェッスニッカ アンネヘ ドゥリゲッスムニダ

お電話ありがとうございます。ABCレストラン新宿店です。

전화 감사합니다. ABC 레스토랑 신주쿠점입니다.

チョヌァ カムサハムニダ。エイビシ レストラン シンジュクジョミムニダ

店名の後に、뭘 도와 드릴까요?(ムォル トワ ドゥリルカヨ?/何をお手伝いしましょうか?)と言ってもいいでしょう。

ご予約はいつになさいますか？

언제로 예약하시겠습니까?

オンジェロ イェヤカシゲッスムニッカ？

土日には予約を受け付けておりません。

토요일, 일요일은 예약을 받지 않습니다.

トヨイル、イリョイルン イェヤグル パッチ アンスムニダ

確認しますので少々お待ちください。

확인해 볼 테니까 잠시만 기다려 주세요.

ファギネ ボル テニッカ チャムシマン キダリョ ジュセヨ

申し訳ありませんが、その時間は予約がいっぱいです。

죄송하지만 그 시간은 예약이 다 찼습니다.

チュェソンハジマン ク シガヌン イェヤギ タ チャッスムニダ

何名様でしょうか？

몇 분으로 예약해 드릴까요?

ミョッ プヌロ イェヤケ ドゥリルカヨ？

 몇 월 며칠 몇 분으로 예약해 드릴까요?(ミョドゥォル ミョチル ミョッ プヌロ イェヤケ ドゥリルカヨ？／何月何日に何名様でしょうか？)と、日時までまとめて聞く言い方もあります。

1月31日の午後8時から、5名様のご予約ですね。合っていますか？

1월 31일 오후 8시부터 다섯 분으로 예약하셨습니다. 맞으신가요?

イルォル サムシビリル オフ ヨドゥルシプト タソッ プヌロ イェヤカショッスムニダ。マジュシンガヨ？

お名前とお電話番号をお伺いできますか？

성함하고 전화번호를 말씀해 주시겠습니까?

ソンハマゴ チョヌァボノルル マルスメ ジュシゲッスムニッカ？

復唱します。

다시 확인하겠습니다.

タシ ファギナゲッスムニダ

2
飲食業

それではご来店をお待ちしております。
그럼 방문을 기다리고 있겠습니다.

クロム パンムヌル キダリゴ イッケッスムニダ

 電話を切る時に言う「失礼いたします」は、韓国語では감사합니다. (カムサハム
ニダ／ありがとうございます)を使うと良いでしょう。

 ── 予約の電話 ──

MP3 020

점원 : 전화 주셔서 감사합니다. 레스토랑 재팬입니다. **뭘 도와 드릴까요?**

손님 : 예약하려고 하는데요.

점원 : 네, **알겠습니다. 몇 월 며칠 몇 분으로 예약해 드릴까요?**

손님 : 내일 오후 7시, 두 명이요.

점원 : **죄송하지만 그 시간은 예약이 다 찼습니다.**

손님 : 그럼, 오후 8시는요?

점원 : 가능합니다. **테이블석하고 카운터석, 다다미방 중에서 어느 쪽으로 하시겠습니까?**

손님 : 다다미방으로 할게요.

점원 : **주방장 특선 코스**가 있는데 1인당 8,000엔이고, 주문하시려면 예약이 필요합니다.
       어떠세요?

손님 : 네. 그럼, 그걸로 할게요.

점원 : **가리시는 음식이나 음식물 알레르기가 있으세요?**

손님 : 남편이 글루텐 알레르기가 있어요.

점원 : 알겠습니다. 글루텐 안 들어간 음식으로 준비하겠습니다. 사모님은 어떠세요?

손님 : 저는 뭐든지 다 잘 먹어요.

점원 : 이날이 무슨 특별한 날인가요?

손님 : 네, 기념일이에요.

점원 : 그러시군요. 그럼, 디저트를 서비스로 준비해 드리겠습니다. **성함하고 전화번호를
       말씀해 주시겠습니까?**

손님 : 이름은 박선민이고 전화번호는 123-456-789예요.

점원 : 감사합니다. 그럼, 내일 오후 8시, **방문을 기다리고 있겠습니다.**

店員：お電話ありがとうございます。レストランジャパンです。お伺いします。
　客：予約をお願いします。
店員：かしこまりました。何月何日に何名様でしょうか?
　客：明日の午後7時に2名で予約したいのですが。
店員：申し訳ありませんが、その時間は予約がいっぱいです。
　客：午後8時はどうですか?
店員：大丈夫です。テーブル席、カウンター席、お座敷席がございますが、いずれに
　　　いたしましょうか?
　客：お座敷席でお願いします。
店員：お任せコースが1名様8,000円ですが、こちらはご予約が必要です。いかがな
　　　さいますか?
　客：ええ。じゃあ、それでお願いします。
店員：食べ物のご希望、アレルギーはございますか?
　客：夫はグルテンアレルギーなんです。
店員：承知いたしました。グルテンフリーの料理を用意いたします。奥様はいかがで
　　　すか?
　客：私は何でも食べます。
店員：何か特別の機会ですか?
　客：ええ、記念日です。
店員：承知いたしました。では、サービスでデザートをご用意いたします。お名前と
　　　電話番号をお伺いできますか?
　客：名前はパク・ソンミンで、電話番号は123-456-789です。
店員：ありがとうございます。明日の午後8時にお待ちしております。

※太字は本書に登場しているフレーズです。

店のシステムを説明する

ただ今の時間、全席禁煙です。

지금 시간대는 전체가 다 금연석입니다.

チグム シガンデヌン チョンチェガ タ クミョンソギムニダ

ランチタイムは午前11時から午後3時までです。

런치 타임은 오전 11시부터 오후 3시까지예요.

ロンチ タイムン オジョン ヨランシプト オフ セシッカジエヨ

ラストオーダーは午後9時です。

주문 마감시간은 오후 9시예요.

チュムン マガムシガヌン オフ アホプシエヨ

 「お飲み物のラストオーダーは」の場合は、음료 주문 마감시간은(ウムニョ チュ ムン マガムシガヌン)です。

お水はセルフサービスとなっております。

물은 셀프입니다.

ムルン セルプイムニダ

お1人様、お料理を1品以上ご注文いただいています。

1인당 음식을 하나 이상 주문하셔야 돼요.

イリンダン ウムシグル ハナ イサン チュムナショヤ ドゥェヨ

 「お飲み物を1杯以上」の場合は、음식을を음료를(ウムニョルル)にすること。 この他、p.91の주문해 주세요.(注文をお願いします)のような表現もあります。

先に食券をお買い求めください。

먼저 식권을 구입해 주세요.

モンジョ シックォヌル クイペ ジュセヨ

 韓国では、食券システムを採用している飲食店はあまりありません。システムがよくわからないお客様には、この自販機で食券を購入し て主せヨ.(イ チャパンギエソ シックォヌル クイペ ジュセヨ／この自販機で食券をお買い求めください)と伝えると良いでしょう。

お会計はレジでお願いします。

계산은 카운터에서 해 주세요.

ケサヌン カウントエソ ヘ ジュセヨ

先にお会計をお願いします。

먼저 계산부터 해 주세요.

モンジョ ケサンブト ヘ ジュセヨ

 요금은 선불입니다.(ヨグムン ソンブリムニダ／料金は先払いです)という表現もあります。

お食事がお済みの際は、こちらの伝票を入り口のスタッフにお渡しください。

식사가 끝나시면 이 계산서를 입구에 있는 직원한테 갖다 주세요.

シクサガ ックンナシミョン イ ケサンソルル イプクエ インヌン チグォナンテ カッタ ジュセヨ

お代わり・食べ(飲み)放題の説明をする

ごはん／お味噌汁／コーヒーは、お代わり自由となって
おります。

밥 / 된장국 / 커피 리필 가능합니다.

パプ／トゥェンジャンクク／コピ リピル カヌンハムニダ

お代わりはご自由にお申し付けください。

리필하실 분은 편하게 말씀해 주세요.

リピラシル プヌン ピョナゲ マルスメ ジュセヨ

 「お代わり」は리필(リピル／refill)です。お客様が言う「お代わりお願いします」
は리필해 주세요.(リピレ ジュセヨ)となります。

お水／お茶のお代わりはいかがですか？

물 / 차 더 드시겠습니까?

ムル／チャ ト トゥシゲッスムニッカ？

ドリンクバーはあちらにございます。

드링크바는 저쪽에 있어요.

ドゥリンクバヌン チョッチョゲ イッソヨ

 ドリンクバーは韓国ではあまり一般的ではありません。値段について述べる
場合はp.78を参照してください。

備え付けのカップをご利用ください。
비치되어 있는 컵을 이용해 주세요.
ピチドゥエオ インヌン コブル イヨンヘ ジュセヨ

お代わりは1杯まで無料です。
리필은 한 잔까지 무료예요.
リピルン ハン ジャンカジ ムリョエヨ

飲み放題は90分間です。
음료 무한리필은 90분간 이용하실 수 있어요.
ウムニョ ムハンリピルン クシップン ガン イヨンハシル ス イッソヨ

「食べ放題」は、음식 무한리필(ウムシク ムハンリピル)になります。韓国では
삼겹살 무한리필(サムギョプサル ムハンリピル／豚バラ肉の食べ放題)など、
特定の食べ物を食べ放題にすることが多いです。

こちらは飲み放題のメニューです。
이쪽이 음료 무한리필 메뉴예요.
イッチョギ ウムニョ ムハンリピル メニュエヨ

プラス500円でこちらも飲み放題になります。
추가로 500엔을 내시면 이쪽도 무제한으로 드실 수 있어요.
チュガロ オベゲヌル ネシミョン イッチョクト ムジェハヌロ トゥシル ス イッソヨ

韓国語文の直訳は「追加で500円お出しになれば、こちらも無制限で召し上
がれます」です。

お次のお飲み物はいかがいたしましょうか？

다음 음료는 뭘로 하시겠어요?

タウム ウムニョヌン ムォルロ ハシゲッソヨ？

食べ放題のメニューはこのページだけです。

음식 무한리필 메뉴는 이 페이지만 해당돼요.

ウムシク ムハンリピル メニュヌン イ ペイジマン ヘダンドゥェヨ

こちらは別料金です。

이쪽은 별도 요금이 발생합니다.

イッチョグン ピョルト ヨグミ パルセンハムニダ

ご用の際は、こちらのボタンを押してください。
필요한 게 있으시면 이 버튼을 눌러 주세요.

ピリョハン ゲ イッスシミョン イ ボトゥヌル ヌルロ ジュセヨ

韓国にもボタンでスタッフを呼ぶ方式はありますが、お客様が慣れていない
場合もあるので、あらかじめこのように説明すると親切です。

ご注文がお決まりになりましたら、お呼びください。
주문이 정해지시면 불러 주세요.

チュムニ チョンヘジシミョン プルロ ジュセヨ

こちらがメニューです。
메뉴판은 여기 있어요.

メニュパヌン ヨギ イッソヨ

ご注文はお決まりですか？
주문하시겠습니까?

チュムナシゲッスムニッカ？

先にお飲み物をお伺いしてもよろしいですか？
먼저 음료부터 주문하시겠습니까?

モンジョ ウムニョプト チュムナシゲッスムニッカ？

当店のおすすめは、天ぷらの盛り合わせです。

저희 가게의 추천 메뉴는 모둠 튀김이에요.

チョイ カゲエ チュチョン メニュヌン モドゥム トゥィギミエヨ

 추천 메뉴가 뭐예요?(チュチョン メニュガ ムォエヨ?／おすすめ品は何ですか?)とお客様に聞かれる時に備えて、おすすめ品の韓国語を覚えておきましょう。

20分ほどお時間を頂きますが、よろしいですか？

시간이 20분 정도 걸리는데 괜찮으시겠어요?

シガニ イシップンチョンド コルリヌンデ クェンチャヌシゲッソヨ？

申し訳ありませんが、本日は売り切れです。

죄송하지만 오늘 그건 다 나갔어요.

チュェソンハジマン オヌル クゴン タ ナガッソヨ

この中から、お2つお選びください。

이 중에서 두 가지를 선택해 주세요.

イ ジュンエソ トゥ ガジルル ソンテケ ジュセヨ

こちらは、2人前からご注文を承っています。

이건 2인분부터 주문할 수 있어요.

イゴン イインブンブト チュムナル ス イッソヨ

ご注文は以上でよろしいですか？

주문 다 하셨어요?

チュムン タ ハショッソヨ？

他にご注文はございますか？
더 필요하신 거 있으세요?
ト ピリョハシン ゴ イッスセヨ？

 韓国語文の直訳は「他に必要なものはございますか？」です。韓国語では少し
遠回しな言い方をします。

ご注文を確認いたします。生ビールが3点、シーザー
サラダが1点。
주문 내용 확인하겠습니다. 생맥주 세 개, 시저
샐러드 하나.
チュムン ネヨン ファギナゲッスムニダ。センメクチュ セ ゲ、シジョ セルロドゥ ハナ

お料理のラストオーダーのお時間です。何かご注文は
ございますか？
음식 주문 마감시간인데 추가로 필요하신 게
있으세요?
ウムシク チュムン マガムシガニンデ チュガロ ピリョハシン ゲ イッスセヨ？

メニューをお下げしてもよろしいですか？
메뉴판을 치워도 될까요?
メニュパヌル チウォド トゥェルカヨ？

デザートをお持ちいたしましょうか？
디저트를 갖다 드릴까요?
ディジョトゥルル カッタ ドゥリルカヨ？

料理を説明する表現

韓国人のお客様から、メニューについて韓国語で説明を求められることもあるでしょう。料理の韓国語には、独特な用語があり、韓国語上級者でも使いこなすのは容易ではありません。以下の4つのポイントに着目して、最低限の説明はできるようにしておきましょう。

①具材の韓国語名を伝える

エビなら새우（セウ）、イカなら오징어（オジンオ）というように、まずはその料理のメイン食材を韓国語で言えるようになりましょう（p.152～154にある単語リストなども参考にしてください）。

②調理法を伝える

その料理が「揚げもの」なのか「炒めもの」なのかなどは非常に重要な情報です。例えば、肉じゃがは、「肉とジャガイモの煮もの（조림／チョリム）」ですから、소고기 감자 조림（ソゴギ カムジャ チョリム）と言うことができます。

③味を大雑把に述べる

実際の食べ物の味は複雑ですが、その料理が甘いのか、辛いのかなどは伝えられるようにしましょう。「甘い」のであれば、이 요리는 달아요.（イ ヨリヌン タラヨ）のように言います。

④食感を伝える

「柔らかい」は부드럽다（プドゥロプタ）、「固い」は딱딱하다（ッタクタカダ）、「ネバネバ」は끈적거리다（ックンジョッコリダ）、「かみごたえがある」は씹는 맛이 있다（ッシムヌン マシ イッタ）です。입에서 녹아요.（口の中で溶けます）という表現も定番です。

味や調理法		MP3 024
● 甘い ～	단 …	タン
● 辛い ～	매운 …	メウン

● 塩辛い ～	짠 …	ッチャン
● 甘辛い ～	매콤달콤한 …	メコムタルコマン
● 苦い ～	쓴 …	ッスン
● 酸っぱい ～	신 …	シン
● 網で焼いた ～	석쇠에 구운 …	ソクスェエ クウン
● オーブンで焼いた ～	오븐에 구운 …	オブネ クウン
● 炭火で焼いた ～	숯불에 구운 …	スップレ クウン
● 薫製にした ～	훈제한 …	フンジェハン
● 炒めた ～	볶은 …	ポックン
● ソテーにした ～	소테한 …	ソテハン
● 揚げた ～	튀긴 …	トゥィギン
● 蒸した ～	찐 …	ッチン
● ゆでた ～	삶은 …, 데친 …	サルムン、テチン
● 弱火で煮た ～	약불에 졸인 …	ヤクプレ チョリン
● 煮込んだ ～	졸인 …	チョリン
● 薄切りにした ～	얇게 썬 …	ヤルケ ッソン
● 千切りにした ～	채 썬 …	チェ ッソン
● 刻んだ ～	잘게 썬 …	チャルゲ ッソン
● (ジャガイモなどを) つぶした ～	으깬 …	ウッケン
● (ニンニクなどを) つぶした ～	다진 …	タジン
● 漬けた ～	절인 …, 담근 …	チョリン、タムグン
● すりおろした ～	간 …	カン
● 詰め物にした ～	속을 채운 …	ソグル チェウン
● ～で和えた ～	-(으)로 무친 …	(ウ)ロ ムチン
● 衣の付いた ～	(튀김)옷을 입힌 …	(トゥィギム)オスル イピン
● マリネにした ～	마리네로 만든 …	マリネロ マンドゥン

好み・意向を聞く

サイズはどうなさいますか？

사이즈는 어떻게 하시겠어요?

サイジュヌン オットケ ハシゲッソヨ？

 사이즈는の部分は、必要に応じて토핑은(トピンウン／トッピングは)や무게는(ムゲヌン／重さは)などに置き換えて使うことができます。

ドレッシングは、ごまと醬油がございますが、どちらになさいますか？

드레싱은 참깨맛하고 간장맛이 있는데 뭘로 하시겠어요?

ドゥレシンウン チャムケマタゴ カンジャンマシ インヌンデ ムォルロ ハシゲッソヨ？

ステーキの焼き加減はどうなさいますか？

스테이크는 어떻게 구워 드릴까요?

ステイクヌン オットケ クウォ ドゥリルカヨ？

 레어(レオ／レア)⇒미디엄(ミディオム／ミディアム)⇒웰던(ウェルドン／ウェルダン)が基本です。さらに細かい区分として、それぞれの間を미디엄 레어(ミディオム レオ／ミディアムレア)、미디엄 웰던(ミディオム ウェルドン／ミディアムウェルダン)と言うこともあります。

スープは、この3種類の中からお選びください。

수프는 이 세 가지 중에서 선택해 주세요.

スプヌン イ セ ガジ チュンエソ ソンテケ ジュセヨ

こちらにはライスかパンが付いておりますが、どちらになさいますか？

이 메뉴는 밥하고 빵을 선택하실 수 있는데 어느 쪽으로 하시겠습니까?

イ メニュヌン パパゴ ッパンウル ソンテカシル ス インヌンデ オヌ ッチョグロ ハシゲッスムニッカ？

 日本語では「こちらには」となっている部分を、韓国語では이 메뉴는（このメニューは）としています。

ドリンクはお食事と一緒にお持ちしましょうか？それとも後でお持ちしましょうか？

음료는 식사하고 같이 갖다 드릴까요? 아니면 식후에 갖다 드릴까요?

ウムニョヌン シクサハゴ カチ カッタ ドゥリルカヨ アニミョン シクエ カッタ ドゥリルカヨ？

ドリンクはいつお持ちすれば良いですか？

음료는 언제 갖다 드릴까요?

ウムニョヌン オンジェ カッタ ドゥリルカヨ？

温かいのと冷たいの、どちらになさいますか？

따뜻한 거하고 찬 거 중에서 어느 쪽으로 하시겠습니까?

ッタットゥタン ゴハゴ チャン ゴ チュンエソ オヌ ッチョグロ ハシゲッスムニッカ？

苦手食材・アレルギーを確認する

苦手な食材はございますか？
잘 못 드시는 식재료가 있으세요?
チャル モッ トゥシヌン シクチェリョガ イッスセヨ？

 アレルギー、健康、宗教や主義上の理由、好き嫌いで食べられないものがあるかどうか聞く時の定番表現です。

【食材】何かアレルギーはございますか？
음식물 알레르기가 있으세요?
ウムシンムル アルレルギガ イッスセヨ？

 「食べ物の好みはございますか？」なら、음식물 알레르기가の部分を가리시는 음식이(カリシヌン ウムシギ)に変えます。

【食材】この料理には乳製品が入っていますが、よろしいですか？
이 음식에는 유제품이 들어 있는데 괜찮으세요?
イ ウムシゲヌン ユジェプミ トゥロ インヌンデ クェンチャヌセヨ？

この料理には、大豆やナッツが含まれておりません。
이 음식에는 콩이나 견과류가 들어 있지 않아요.
イ ウムシゲヌン コンイナ キョングァリュガ トゥロ イッチ アナヨ

当店には、ベジタリアン向け料理がございません。
저희 가게에는 채식주의자용 메뉴가 없어요.
チョイ カゲエヌン チェシクチュイジャヨン メニュガ オプソヨ

主なアレルギー食品		MP3 027
● 牛乳	우유	ウユ
● 卵	계란	ケラン
● 大豆	콩	コン
● 小麦	밀	ミル
● ナッツ類	견과류	キョングァリュ
● ピーナツ	땅콩	ッタンコン
● アーモンド	아몬드	アモンドゥ
● カシューナッツ	캐슈넛	ケシュノッ
● クルミ	호두	ホドゥ
● 魚	생선	センソン
● タラ	대구	テグ
● カレイ	가자미	カジャミ
● 甲殻類	갑각류	カプカンニュ
● カニ	게	ケ
● ロブスター	바닷가재, 로브스터	パダッカジェ、ロブスト
● エビ	새우	セウ

韓国人の食文化

日本と韓国の食文化には、米が主食である、味噌や醤油などの発酵調味料を多用するなど、根本の部分で多くの共通点があります。一方で、日本とは異なる食習慣も多いので、その点には注意が必要です。日本とは異なる韓国の食文化から、代表的なものを紹介します。

箸とスプーン

韓国では箸とスプーンをセットにして食事をします。ごはんや汁物はスプーンで、おかずは箸でと使い分けますので、食事の際にスプーンを必要とする方もいらっしゃるかもしれません。

副菜

韓国の飲食店では、メインの料理に対して無料の副菜がたくさんつき、これらはお代わりも自由であることが多いです。小鉢など副菜の追加オーダーが有料になる場合は、きちんと説明をするのがベターです。

料理のシェア

韓国では大勢でシェアをする料理が多く、また多くの副菜が無料で出てくることから、単品の料理をいくつも注文するという習慣がありません。ひとり1オーダーが必要な場合は、それに対する説明が必要なこともあります。

料理の持ち込み

韓国の飲食店では、メニューにないものであれば持ち込みが許容されることが多いです。誕生日用のケーキやお土産のワインなどを持ち込まれた場合、お店のほうでもナイフやグラスを提供することが当たり前になっています。持ち込みをNGにしている場合は、きちんと伝えるようにしましょう。

味の好み

素材の味を重視する日本人に対し、韓国人は複合的な味付けを好むとされます。비빔밥（ビビンバ）に代表されるように、出てきた料理をよくかき混ぜてから食べる習慣があるほか、味付けも酸味、苦味、甘味、辛味、塩味という五味の調和をよしとする基本があります。そのため日本料理にあまり用いられない辛味の要素を不足と感じて、コチュジャンなどを欲しがる方も少なくないようです。

お好みでセットをお選びいただけますが、いかがですか？

세트로도 주문 가능한데 어떠세요?

セトゥロド チュムン カヌンハンデ オットセヨ？

「セット」は韓国語でも同じくセット（セトゥ）です。セットか単品かを確認する
方法として、세트로 하시겠어요? 아니면 단품으로 하시겠어요? (p.94参照)の
ような言い方もあります。

セットにはスープとサラダ、ドリンクが付いています。

세트에는 수프하고 샐러드, 음료가 포함돼 있어요.

セトゥエヌン スプハゴ セルロドゥ、ウムニョガ ポハムドゥェ イッソヨ

セットのドリンクは、こちらからお選びいただけます。

세트 음료는 이 중에서 선택하실 수 있어요.

セトゥ ウムニョヌン イ ジュンエソ ソンテカシル ス イッソヨ

ハーフサイズになさいますと、50円引きになります。

하프 사이즈로 하시면 50엔 할인돼요.

ハプ サイジュロ ハシミョン 50エン ハリンドゥェヨ

大盛り無料ですが、どうなさいますか？

무료로 양을 추가할 수 있는데 어떻게 하시겠습니까?

ムリョロ ヤンウル チュガハル ス インヌンデ オットケ ハシゲッスムニッカ？

 「大盛り」は곱빼기（コッペギ）とも言います。「大盛りになさいますか？」なら 곱빼기로 하시겠습니까?（コッペギロ ハシゲッスムニッカ）です。

モーニングセットがございます。

모닝세트가 있어요.

モニンセトゥガ イッソヨ

ドリンクバーはいかがですか？　飲み放題で、金額は200円です。

드링크바는 어떠세요? 음료가 무제한이고 금액은 200엔이에요.

ドゥリンクバヌン オットセヨ？ ウムニョガ ムジェハニゴ クメグン イベゲニエヨ

こちらは、期間限定の特別メニューです。

이쪽은 기간 한정으로 나오는 특별 메뉴예요.

イッチョグン キガン ハンジョンウロ ナオヌン トゥクピョル メニュエヨ

本日は、ポテトが100円となっております。

오늘은 감자튀김이 100엔이에요.

オヌルン カムジャトゥィギミ ペゲニエヨ

お任せコースが2,980円でございますが、いかがですか？

2,980엔 하는 주방장 특선 코스가 있는데 어떠세요?

イチョンクベクパルシベン ハヌン チュバンジャン トゥクソン コスガ インヌンデ オットセヨ？

 韓国語には「お任せコース」に当たる表現がないので、주방장 특선 코스(料理長特選コース)としています。

本日のおすすめはこちらです。

오늘의 추천 메뉴는 이쪽에 나와 있어요.

オヌレ チュチョン メニュヌン イッチョゲ ナワ イッソヨ

 「当店のおすすめ」であれば、저희 가게 추천 메뉴(チョイ カゲ チュチョン メニュ)になります。

本日の日替わりメニューはこちらです。

오늘의 메뉴는 이쪽에 나와 있어요.

オヌレ メニュヌン イッチョゲ ナワ イッソヨ

出来たてをご用意いたします。

갓 만든 걸로 준비하겠습니다.

カンマンドゥン ゴルロ チュンビハゲッスムニダ

こちらの牡蠣は北海道産です。

이 굴은 홋카이도산이에요.

イ クルン ホッカイドサニエヨ

 교토(京都)や오사카(大阪)、홋카이도(北海道)、삿포로(札幌)などは、韓国でも高い認知度を誇ります。お客様との会話に活用しても良いでしょう。

79

特別な配慮をする

ご希望でしたら、ワサビ抜きにできます。

원하신다면 와사비를 빼 드릴 수 있어요.

ウォナシンダミョン ワサビルル ッペ ドゥリル ス イッソヨ

メニューにないものをご希望でしたら、試しにお作り
してみることもできます。

**원하신다면 메뉴에 없는 것도 만들어 드릴 수
있어요.**

ウォナシンダミョン メニュエ オムヌン ゴット マンドゥロ ドゥリル ス イッソヨ

ご注文は承っていますか？

주문하셨어요?

チュムナショッソヨ？

こちらもご一緒にいかがですか？

이것도 같이 드셔 보시는 건 어떠세요?

イゴット カチ トゥショ ボシヌン ゴン オットセヨ？

半分にお切りしましょうか？

반으로 잘라 드릴까요?

パヌロ チャルラ ドゥリルカヨ？

80

もう少し食べやすい大きさにお切りしましょうか？
더 먹기 좋은 크기로 잘라 드릴까요?
ト モッキ チョウン クギロ チャルラ ドゥリルカヨ？

取り皿をご利用になりますか？
앞접시를 이용하시겠습니까?
アプチョプシルル イヨンハシゲッスムニッカ？

お取り分けいたしましょうか？
덜어 드릴까요?
トロ ドゥリルカヨ？

スプーンとフォークをお持ちしましょうか？
스푼하고 포크를 갖다 드릴까요?
スプナゴ ポクルル カッタ ドゥリルカヨ？

 お子様連れのお客様には、このようにお声掛けすると良いでしょう。

お待ちの間にこちらをお召し上がりください。
기다리시는 동안 이걸 드셔 보세요.
キダリシヌン トンアン イゴル トゥショ ボセヨ

 韓国にも日本の「お通し」に当たるものがありますが、基本的には無料です。
ただ、韓国の人は、日本の「お通し」はほとんどの場合有料だと知っています。
もし無料ならば、이건 서비스예요. (p.82参照)と付け加えると、お客様も安
心されるでしょう。「お通し」の説明の仕方については、p.105を参照してく
ださい。

肉汁が／ソースが跳ねますので、ご注意ください。

육즙이 / 소스가 튈 수 있으니까 조심하세요.

ユクチュビ／ソスガ トゥィル ス イッスニッカ チョシマセヨ

器が／鉄板がお熱くなっておりますので、
ご注意ください。

그릇이 / 철판이 뜨거우니까 조심하세요.

クルシ／チョルパニ トゥゴウニッカ チョシマセヨ

量が多いですがよろしいですか？

양이 많은데 괜찮으시겠어요?

ヤンイ マヌンデ クェンチャヌシゲッソヨ？

もっと辛くすることもできます。

더 맵게 해 드릴 수도 있어요.

ト メプケ ヘ ドゥリル スド イッソヨ

こちらはサービスです。

이건 서비스예요.

イゴン ソビスエヨ

 お店側がお客様に無料で料理を提供する場合の決まり文句です。韓国語でも
서비스（サービス）は「無料」という意味で使われます。

残りをお持ち帰りになりますか？

남은 음식을 싸 가시겠습니까?

ナムン ウムシグル ッサ ガシゲッスムニッカ？

食材・食べ方の説明をする

この団子はイワシのすり身と小麦粉、卵でできています。
이 완자는 으깬 정어리살하고 밀가루, 계란으로 만든 거예요.
イ ワンジャヌン ウッケン チョンオリサラゴ ミルカル、ケラヌロ マンドゥン ゴエヨ

醤油、しょうが、ごま油で味付けしております。
간장, 생강, 참기름으로 맛을 냈어요.
カンジャン、センガン、チャムギルムロ マスル ネッソヨ

この鶏肉料理は、タマネギとマヨネーズを使っています。
이 닭요리는 양파하고 마요네즈를 사용했어요.
イ タンニョリヌン ヤンパハゴ マヨネジュルル サヨンヘッソヨ

こちらのソースに付けてお召し上がりください。
이 소스에 찍어 드세요.
イ ソスエ ッチゴ トゥセヨ

味が付いています。

간이 돼 있어요.

カニ トゥェ イッソヨ

お好きな食べ方でお召し上がりください。

원하시는 스타일로 드시면 돼요.

ウォナシヌン スタイルロ トゥシミョン トゥェヨ

薬味をお好みでご利用ください。

기호에 맞게 고명을 넣어 드세요.

キホエ マッケ コミョンウル ノオ ドゥセヨ

 もみじおろし、おろししょうが、あさつきはそれぞれ赤い無즙(プルグン ム
ジュプ)、生강즙(センガンジュプ)、실파(シルパ)です。

よく振ってください。

잘 흔들어 주세요.

チャル フンドゥロ ジュセヨ

よくかき混ぜてください。

잘 비벼 주세요.

チャル ピビョ ジュセヨ

 液体を混ぜる場合は、비벼の部分を저어(チョオ)に置き換えます。

そのままお召し上がりください。
그대로 드시면 돼요.
クデロ トゥシミョン トゥェヨ

レモンをしぼってお召し上がりください。
레몬을 짜서 드세요.
レモヌル ッチャソ トゥセヨ

❷ 飲食業

塩だけで試してみてください。
소금으로만 한번 드셔 보세요.
ソグムロマン ハンボン トゥショ ボセヨ

この鍋でゆでてお召し上がりください。
이 냄비에 넣어서 끓여 드세요.
イ ネムビエ ノオソ ックリョ トゥセヨ

この部分はお召し上がりいただけません。
이 부분은 드실 수 없어요.
イ プブヌン トゥシル ス オプソヨ

 「こちらはただの飾りです」は、이건 장식품이에요. (イゴン チャンシクプミエヨ)
です。

調味料

 MP3 031

砂糖	설탕	ソルタン
塩	소금	ソグム
醤油	간장	カンジャン
味噌	된장	トゥェンジャン
ごま油	참기름	チャムギルム
ラー油	고추기름	コチュギルム
酢	식초	シクチョ
バルサミコ酢	발사믹 식초	バルサミク シクチョ
みりん	맛술	マッスル
こしょう	후추	フチュ
山椒	산초	サンチョ
七味唐辛子	칠미 고춧가루	チルミ コチュッカル
ゆずこしょう	유자후추 (페이스트 타입)	ユジャフチュ (ペイストゥ タイプ)
カレー粉	카레가루	カレカル
豆板醤	두반장	トゥバンジャン
マヨネーズ	마요네즈	マヨネジュ
タルタルソース	타르타르 소스	タルタル ソス
ウスターソース	우스터 소스	ウスト ソス
だし	육수	ユクス

ご注文の鶏のから揚げでございます。

주문하신 닭튀김 나왔습니다.

チュムナシン タクトゥィギム ナワッスムニダ

生ビールをご注文のお客様は…?

생맥주 시키신 분…?

センメクチュ シキシン ブン?

 注文した人が誰かを確認する表現です。文末は上げ調子で読みましょう。そうすることで「どなたの注文ですか?」の意味合いになります。

ご注文の品は、以上でおそろいですか?

주문하신 음식은 다 나왔습니까?

チュムナシン ウムシグン タ ナワッスムニッカ?

空いているお皿をお下げしてもよろしいですか?

빈 그릇은 치워 드려도 될까요?

ピン クルスン チウォ ドゥリョド トゥェルカヨ?

追加のご注文はございますか？

추가로 필요하신 게 있으세요?

チュガロ ピリョハシン ゲ イッスセヨ？

(料理を出した時に) ごゆっくりどうぞ。

맛있게 드세요.

マシッケ トゥセヨ

 韓国語文の直訳は「おいしく召し上がってください」です。また、좋은 시간 되세요.(チョウン シガン トゥェセヨ／良い時間をお過ごしください) もこの ようなシチュエーションでよく使われるフレーズです。

(食後お皿を下げた後に) ごゆっくりどうぞ。

편안한 시간 되세요.

ピョナナン シガン トゥェセヨ

 韓国語文の直訳は「楽な時間になってください」です。

こちらは、次回来店時にお使いいただけるクーポン券 です。

이건 다음에 오셨을 때 사용하실 수 있는 쿠폰이에요.

イゴン タウメ オショッスル ッテ サヨンハシル ス インヌン クポニエヨ

② 飲食業

調理場に聞いてまいります。
주방에 확인해 보겠습니다.
チュバンエ ファギネ ボゲッスムニダ

注文が通っていませんでした。
주방에 전달이 안 된 것 같습니다.
チュバンエ チョンダリ アン ドゥェン ゴッ カッスムニダ

すぐにお作り直しいたします。
바로 다시 만들어 드리겠습니다.
パロ タシ マンドゥロ ドゥリゲッスムニダ

今作っております。
지금 만들고 있습니다.
チグム マンドゥルゴ イッスムニダ

今すぐお作りします。
지금 바로 만들어 드리겠습니다.
チグム パロ マンドゥロ ドゥリゲッスムニダ

お待たせしません。
오래 안 기다리셔도 돼요.
オレ アン キダリショド トゥェヨ

10分ほどお時間ください。
10분 정도 기다려 주세요.
シップン チョンド キダリョ ジュセヨ

 韓国語文の直訳は「10分ほどお待ちください」です。

もう少々お待ちくださいますか？
조금만 더 기다려 주시겠습니까?
チョグムマント キダリョ ジュシゲッスムニッカ？

その品のお代は結構です。
이 음식값은 계산하지 않으셔도 돼요.
イ ウムシッカプスン ケサナジ アヌショド トゥェヨ

本日のお代は結構です。
오늘 계산은 안 하셔도 돼요.
オヌル ケサヌン アナショド トゥェヨ

おわびとしてこちらをサービスさせてください。
사죄의 뜻으로 이걸 서비스해 드리겠습니다.
サジュェエ ットゥスロ イゴル ソビスヘ ドゥリゲッスムニダ

当店では無料Wi-Fiサービスをご利用いただけません。
저희 가게에서는 무료 Wi-Fi를 이용하실 수 없어요.
チョイ カゲエソヌン ムリョ ワイパイルル イヨンハシル ス オプソヨ

 「無料Wi-Fiサービスをご利用いただけます」は무료 Wi-Fi를 이용하실 수 있어요.(ムリョ ワイパイルル イヨンハシル ス イッソヨ)です。

❷ 飲食業

あちらにお席を移動していただけませんか？
저쪽으로 자리를 옮겨 주실 수 있을까요?
チョッチョグロ チャリルル オムギョ ジュシル ス イッスルカヨ？

5人掛けのお席ですので、もう少し詰めていただけませんか？
5인용 자리니까 조금 더 당겨 앉아 주시겠습니까?
オインニョン チャリニッカ チョグム ト タンギョ アンジャ ジュシゲッスムニッカ？

お1人様につき1杯、お飲み物の注文をお願いします。
1인당 한 잔씩 음료를 주문해 주세요.
イリンダン ハン ジャンシク ウムニョルル チュムネ ジュセヨ

身分証明書を確認できますでしょうか？
신분증 좀 확인할 수 있을까요?
シンブンチュン チョム ファギナル ス イッスルカヨ？

 좀(チョム／ちょっと)を入れると、柔らかい表現になります。

食べ終わった食器は、返却口へ置いてください。
빈 그릇은 반납하는 곳에 놓아 주세요.
ピン クルスン パンナパヌン ゴセ ノア ジュセヨ

今ここで精算していただいてもよろしいでしょうか？

지금 여기서 계산해 주실 수 있으세요?

チグム ヨギソ ケサネ ジュシル ス イッスセヨ？

お車を運転される方にはアルコールを提供できません。

차를 운전하시는 분께는 주류를 제공해 드릴 수 없습니다.

チャルル ウンジョナシヌン ブンケヌン チュリュルル チェゴンヘ ドゥリル ス オプスムニダ

 음주운전(ウムジュウンジョン／飲酒運転)は、世界的に厳罰化の傾向があります。「身分証明書を見せていただけますか？」は신분증을 보여 주시겠어요?(シンブンチュンウル ポヨ ジュシゲッソヨ？)と言います。

他のお客様のご迷惑になりますので、おやめください。

다른 손님들한테 피해가 되니까 삼가 주세요.

タルン ソンニムドゥランテ ピヘガ トゥェニッカ サムガ ジュセヨ

生ものですので、お持ち帰りはできません。

날 음식이라 싸 가실 수 없어요.

ナル ウムシギラ ッサ ガシル ス オプソヨ

持ち込みはご遠慮いただいております。

밖에서 사 온 음식은 여기서 드실 수 없습니다.

パッケソ サオン ウムシグン ヨギソ トゥシル ス オプスムニダ

 韓国の飲食店では、ケーキを持ち込んで誕生日をお祝いできるなど、持ち込みについて制限があまりないのが一般的です。トラブルを避けるために、このフレーズを活用してみてください。なお、韓国語文の直訳は「外で買ってきた食べ物は、ここでは召し上がれません」です。

事例1
ファストフード店・カフェ

レジでご注文をお伺いします。
계산대에서 주문 받겠습니다.
ケサンデエソ チュムン パッケッスムニダ

 「レジ」は韓国語では계산대(ケサンデ)またはカウンター(カウント)と言い、「レジ係」
は카운터 직원(カウント チグォン)と言います。

ただ今、席が大変混み合っております。お先に席をお
取りください。
지금 많이 붐비니까 자리를 먼저 잡아 주세요.
チグム マニ プムビニッカ チャリルル モンジョ チャバ ジュセヨ

テーブルをお拭きします。
테이블 닦아 드리겠습니다.
テイブル タッカ ドゥリゲッスムニダ

次の方どうぞ。
다음 손님!
タウム ソンニム

左側にずれてお待ちください。
왼쪽으로 좀 비켜 서서 기다려 주세요.
ウェンチョグロ チョム ピキョ ソソ キダリョ ジュセヨ

店内でお召し上がりですか？　お持ち帰りですか？

드시고 가실 건가요? 포장해 가실 건가요?

トゥシゴ カシル コンガヨ？ ポジャンヘ カシル コンガヨ？

セットにしますか？　それとも単品にしますか？

세트로 하시겠어요? 아니면 단품으로 하시겠어요?

セトゥロ ハシゲッソヨ？ アニミョン タンプムロ ハシゲッソヨ？

ドリンクのサイズはどうされますか？

음료 사이즈는 어떻게 하시겠어요?

ウムニョ サイジュヌン オットケ ハシゲッソヨ？

 스몰로/미디엄으로/라지로 하시겠어요?(スモルロ／ミディオムロ／ラジロ ハシゲッソヨ)と聞くこともできます。「Sに／Mに／Lになさいますか？」という表現です。

お砂糖やミルクはお付けしますか？

설탕이나 크림 필요하세요?

ソルタンイナ クリム ピリョハセヨ？

 韓国では粉末状のミルクは프림(プリム)、液体のミルクは크림(クリム)、牛乳は우유(ウユ)と言います。また、韓国では液体のクリムはあまり使われていないので、容器を見せながら言うと良いでしょう。状況に合わせて使い分けましょう。

砂糖とミルクは、あちらにご用意がございます。

설탕하고 크림은 저쪽에 준비돼 있습니다.

ソルタンハゴ クリムン チョッチョゲ チュンビドゥェ イッスムニダ

ポテトとお飲み物は、プラス料金でサイズアップができます。

감자튀김하고 음료는 추가요금을 내시면
사이즈를 올릴 수 있어요.

カムジャトゥィギマゴ ウムニョヌン チュガヨグムル ネシミョン サイジュルル オルリル ス イッソヨ

❷
飲食業

ケーキはこちらのショーケースからお選びください。

케이크는 진열대에서 선택해 주세요.

ケイクヌン チニョルテエソ ソンテケ ジュセヨ

番号札を持ってお席でお待ちください。

번호표를 들고 자리에서 기다려 주세요.

ポノピョルル トゥルゴ チャリエソ キダリョ ジュセヨ

お料理はお席までお届けします。

음식은 자리로 가져다 드리겠습니다.

ウムシグン チャリロ カジョダ ドゥリゲッスムニダ

出来上がりましたらベルでお呼びします。

나오면 벨로 부르겠습니다.

ナオミョン ベルロ プルゲッスムニダ

ベルが鳴ったらカウンターまで取りに来てください。

벨이 울리면 카운터로 받으러 오세요.

ベリ ウルリミョン カウントロ パドゥロ オセヨ

青いランプの下でお待ちください。
파란색 램프 밑에서 기다려 주세요.
パランセク レムプ ミテソ キダリョ ジュセヨ

レシートをお持ちになって、あちらでお受け取りください。
영수증을 가지고 가셔서 저쪽에서 받아 주세요.
ヨンスジュンウル カジゴ カショソ チョッチョゲソ パダ ジュセヨ

番号札1番でお待ちのお客様、ご注文のドリンクをお出しします。
번호표 1번 손님, 주문하신 음료 나왔습니다.
ポノピョ イルボン ソンニム、チュムナシン ウムニョ ナワッスムニダ

アイスカフェラテをご注文のお客様はどちらですか？
아이스 카페라테 주문하신 손님?
アイス カペラテ チュムナシン ソンニム？

ファストフード店の注文

MP3
036

점원 : **다음 손님!**

손님 : 커피 두 잔 주세요.

점원 : **사이즈는 어떻게 하시겠습니까?**

손님 : 스몰 하나하고 미디엄 하나요.

점원 : **설탕하고 크림은 저쪽** 카운터에 셀프로 **준비돼 있습니다. 더 필요하신 거 있으세요?**

손님 : 네, 햄 샌드위치 두 개 주세요.

점원 : 그럼, 1인당 500엔 하는 샌드위치, 커피, 샐러드 세트가 있는데 어떠세요?

손님 : 그래요? 그럼, 세트로 두 개 주세요.

점원 : **드시고 가실 건가요? 포장해 가실 건가요?**

손님 : 먹고 갈 거예요.

점원 : 1,000엔입니다. 왼쪽 카운터에서 주문하신 세트 받아 가세요.

店員：次の方どうぞ。
　客：コーヒーを2杯ください。
店員：サイズはどうなさいますか?
　客：スモール1杯とミディアム1杯お願いします。
店員：砂糖とミルクは、あちらのカウンターでセルフサービスでお入れいただけます。
　　　他にご注文はございますか?
　客：はい。ハムサンドイッチを2つお願いします。
店員：お1人様500円でサンドイッチ、コーヒー、サラダのセットをご注文いただけ
　　　ますが、いかがでしょうか?
　客：そうですね。じゃあ、セットを2つお願いします。
店員：こちらでお召し上がりですか?　お持ち帰りですか?
　客：ここでお願いします。
店員：1,000円になります。左側のカウンターで、ご注文のセットをお受け取りくだ
　　　さい。

※太字は本書に登場しているフレーズです。

②
飲食業

白米・玄米・雑穀米の中からお選びください。

흰쌀밥, 현미밥, 잡곡밥 중에서 선택해 주세요.

ヒンサルバブ、ヒョンミバブ、チャプコクバブ チュンエソ ソンテケ ジュセヨ

「(3品)の中からお選びください」は、このフレーズのようにA, B, C 中から選択해 주세요.(A, B, C チュンエソ ソンテケ ジュセヨ)と言います。

汁はお椀から直接すすっても構いません。

국물은 그릇째 들고 마셔도 돼요.

クンムルン クルッチェ トゥルゴ マショド トゥェヨ

汁物を飲むお客様がスプーンを使おうとしている場合、止める必要はありませんが、韓国料理とは違って和食では直接すすってもマナー違反ではないことを伝えても良いでしょう。

だしは魚や海藻から取っています。

생선하고 해초로 육수를 냈어요.

センソナゴ ヘチョロ ユクスルル ネッソヨ

【寿司】これは一貫の値段です。

이건 한 개당 가격이에요.

イゴン ハン ゲダン カギョギエヨ

「これは2貫の値段です」は이건 두 개당 가격이에요.(イゴン トゥ ゲダン カギョギエヨ)となります。

【寿司】お皿の色に応じて値段が変わります。

접시 색깔에 따라서 가격이 달라요.

チョプシ セッカレ ッタラソ カギョギ タルラヨ

 「赤いお皿は500円です」は빨간색 접시는 500엔입니다.(ッパルガンセク チョプシヌン オベゲニムニダ)と言います。

【寿司】ワサビが入っています。サビ抜きにしましょうか？

와사비가 들어 있는데 빼 드릴까요?

ワサビガ トゥロ インヌンデ ッペ ドゥリルカヨ？

 韓国のお客様にも와사비(ワサビ)で通じるはずですが、何のことかご存じない様子であれば、고추냉이(コチュネンイ)と言いましょう。

【寿司】ワサビはとても辛いので少しだけ付けてください。

와사비는 아주 매우니까 조금만 넣어 드세요.

ワサビヌン アジュ メウニッカ チョグムマン ノオ ドゥセヨ

 韓国のお客様の中には辛い料理に慣れていてワサビを大量に付ける方がいらっしゃいますので、お出しした時にこのように言うと親切です。

【寿司】生でない寿司もあります。

날 생선을 사용하지 않은 초밥도 있어요.

ナル センソヌル サヨンハジ アヌン チョバプト イッソヨ

【寿司】今日豊洲（市場）で仕入れたネタです。

오늘 도요스 시장에서 들여온 해산물이에요.

オヌル トヨス シジャンエソ トゥリョオン ヘサンムリエヨ

豊洲市場は、韓国人にも広く知られる観光地なので、日本語風に「トヨス」と発音しても通じます。日本にあまり詳しくない人には有名な 수산시장이에요. (ユミョンハン スサンシジャンイエヨ／有名な水産市場です)のように付け加えると良いでしょう。

【寿司】こちらに湯飲みを当てるとお湯が出ます。

여기를 컵으로 누르면 뜨거운 물이 나와요.

ヨギルル コブロ ヌルミョン ットゥゴウン ムリ ナワヨ

【麺類】そばをつゆに付けてください。

소바를 소스에 찍어 드세요.

ソバルル ソスエ ッチゴ トゥセヨ

醤油やざるそばのつゆなど、食材に付ける濃い味の液体状のものは소스 (ソス)、味噌汁や温かいうどんなどの汁は국물 (クンムル)です。

【つけ麺】スープで割れば、つけだれをお飲みいただけます。

국물을 넣으면 소스를 마실 수 있어요.

クンムルル ノウミョン ソスルル マシル ス イッソヨ

寿司		
● 赤身魚	붉은 살 생선	プルグン サル センソン
● 白身魚	흰 살 생선	ヒン サル センソン
● 光もの	등 푸른 생선	トゥン プルン センソン
● 貝類	조개류	チョゲリュ
● 巻物	김말이 초밥	キムマリ チョバプ
● 軍艦巻き	군함말이 초밥	クナムマリ チョバプ
● 椀もの	맑은국	マルグンクク
● マグロ	마구로, 참치	マグロ、チャムチ
● づけマグロ	절인 참치	チョリン チャムチ
● 大トロ	오토로, 참치 대뱃살	オトロ、チャムチ テベッサル
● 中トロ	주토로, 참치 중뱃살	チュトロ、 チャムチ チュンベッサル
● サバ	고등어	コドゥンオ
● イワシ	정어리	チョンオリ
● ハマチ	마래미, 방어 새끼	マレミ、パンオ セッキ
● アジ	전갱이	チョンゲンイ
● タイ	도미	トミ
● カンパチ	잿방어	チェッパンオ
● ヒラメ	광어	クァンオ
● あぶりサーモン	살짝 구운 연어	サルチャク クウン ヨノ
● エビ	새우	セウ
● カニ	게	ケ
● イカ	오징어	オジンオ
● タコ	문어	ムノ
● アナゴ	붕장어	プンジャンオ
● ウナギ	뱀장어	ペムジャンオ
● アワビ	전복	チョンボク
● ホタテ	가리비	カリビ
● サザエ	소라	ソラ

❷ 飲食業

● ウニ	우니, 성게	ウニ、ソンゲ
● イクラ	연어알	ヨノアル
● タラコ	명란	ミョンナン
● ネギトロ巻き	파참치 말이	パチャムチ マリ
● 納豆巻き	낫토 말이	ナット マリ
● 鉄火巻き	참치 김초밥	チャムチ キムチョバプ
● 茶わん蒸し	일본식 계란찜	イルボンシク ケランチム
● ガリ	초생강	チョセンガン
● 卵焼き	계란말이	ケランマリ
● つま	고명, 장식	コミョン、チャンシク

そば・うどん・ラーメン

● つゆ、汁	수프, 쓰유	スプ、ッスユ
● (ざるの)つゆ	소스, 쓰유	ソス、ッスユ
● ざる	소쿠리, 자루	ソクリ、チャル
● かまぼこ	어묵	オムク
● きつね	기쓰네(유부)	キッスネ(ユブ)
● たぬき	다누키(튀김볼)	タヌキ(ティギムボル)
● 月見	쓰키미(날계란)	ッスキミ(ナルゲラン)
● わかめ	와카메(미역)	ワカメ(ミヨク)
● とろろ	마	マ
● 大根おろし	무즙	ムジュプ
● 鴨	오리	オリ
● 薄口／濃口醤油	묽은 / 진한 간장	ムルグン／チナン カンジャン

● そば湯	면수, 소바 삶은 물	ミョンス、ソバ サルムン ムル
● 薬味	고명	コミョン
● 醤油味	간장맛	カンジャンマッ
● 味噌味	된장맛	トゥエンジャンマッ
● 塩味	소금맛	ソグムマッ
● 豚骨味	돈코쓰맛, 돼지육수맛	トンコッスマッ、トゥエジユクスマッ
● 魚介ベースの～	어패류 중심의 …	オペリュ チュンシメ
● 鶏ガラ	닭뼈	タクピョ
● 昆布	다시마	タシマ
● かつお節	가다랑어포	カダランオポ
● 煮干し	마른 멸치	マルン ミョルチ
● 焦がし醤油	태운 간장	テウン カンジャン
● チャーシュー	차슈(돼지 수육)	チャシュ(トゥエジ スユク)
● 味付玉子	간이 된 삶은 계란	カニ トゥエン サルムン ケラン
● モヤシ	숙주나물	スクチュナムル
● メンマ	마른 죽순	マルン チュクスン
● ノリ	김	キム
● ナルト	나루토마키, 소용돌이 모양의 어묵	ナルトマキ、ソヨンドリ モヤンエ オムク
● ネギ	파	パ

事例3 居酒屋

MP3 040

お通しです。
기본안주예요.
キボナンジュエヨ

(瓶ビールに)グラスはいくつお付けしますか？
잔은 몇 개 가지고 올까요?
チャヌン ミョッ ケ カジゴ オルカヨ？

あつかん
熱燗になさいますか、冷酒になさいますか？
사케는 따뜻하게 드시겠어요, 차게 드시겠어요?
サケヌン ッタットゥタゲ トゥシゲッソヨ、チャゲ トゥシゲッソヨ？

 日本酒は일본 술（イルボン スル／日本酒）とも言いますが、最近は日本語由来
の사케（サケ／酒）が一般的に使われています。

【焼き鳥】塩になさいますか、タレになさいますか？
소금에 찍어 드시겠어요, 소스에 찍어 드시겠어요?
ソグメ ッチゴ トゥシゲッソヨ、ソスエ ッチゴ トゥシゲッソヨ？

お通しの説明

有料のお通しは、日本の習慣に不慣れな外国人のお客様にはわかりづらいものです。まず、お通しが歓迎されない理由は2つあります。

① 頼んでいないのに有料であること

韓国の居酒屋などでもアルコールを注文すると、기본안주（基本おつまみ）といって簡単な小皿が用意されます。ただし、これはお通しと違って無料であり、有料の料理が頼まずに出てくることはありません。

② 食べられるかどうかがわからないこと

他の外国と比べれば、韓国人にはベジタリアンや、宗教的な理由によって一定の食品を食べない人はそこまで多くありません。とはいえ、アレルギーを持つ人はいらっしゃいますし、日本料理の中で口に合わないものは少なからず存在します。

では、外国にはないこのお通しのシステムをどう説明すればいいのでしょうか。3つの方法を考えました。

・有料のお通しは日本の習慣だと説明する

お通しを提供する時に、이건 일본의 독특한 시스템인데 자릿값 대신에 제공하는 유료 기본안주예요.（イゴン イルボネ トクトゥカン システミンデ チャリッカプ テシネ チェゴンハヌン ユリョ キボナンジュエヨ／これは日本の習慣なのですが、席料の代わりに提供する有料の基本おつまみです）とお断りする方法です。

・選択制にする

お通しをお客様の前に持っていき、유료 기본안주가 500엔인데 어떠세요?（ユリョ キボナンジュガ オベゲニンデ オットセヨ?／有料の基本おつまみは500円ですが、いかがでしょうか?）と尋ねて、選んでもらいます。

・お通しを設けない

一番わかりやすい方法として、お出ししないという方法もあります。

枝豆	풋콩	プッコン
おしんこ	야채 장아찌	ヤチェ チャンアッチ
浅漬け	야채 절임	ヤチェ チョリム
野菜スティック	야채 스틱	ヤチェ スティク
大根サラダ	무 샐러드	ム セルロドゥ
お茶漬け	오차즈케, 녹차말이밥	オチャジュケ、ノクチャマリパプ
シーザーサラダ	시저 샐러드	シジョ セルロドゥ
たこわさ	문어 와사비	ムノ ワサビ
冷ややっこ	냉두부	ネンドゥブ
カルパッチョ	카르파치오	カルパチオ
しめサバ	고등어 초절임	コドゥンオ チョジョリム
揚げ出し豆腐	일본식 두부튀김	イルボンシク トゥブトゥィギム
だし巻き卵	일본식 계란말이	イルボンシク ケランマリ
焼き餃子	군만두	クンマンドゥ
焼き鳥	꼬치구이	ッコチグイ
手羽先	닭날개	タンナルゲ
軟骨のから揚げ	연골 튀김	ヨンゴル トゥィギム
鶏のから揚げ	닭튀김	タクトゥィギム
刺し身の盛り合わせ	모둠회	モドゥムェ
焼きホッケ	임연수어 구이	イミョンスオ グイ
豚の角煮	돼지고기 찜	トゥェジゴギ ッチム
牛すじ煮込み	소내장 조림	ソネジャン ジョリム
もつ鍋	일본식 곱창 전골	イルボンシク コプチャン ジョンゴル

● おにぎり	주먹밥	チュモクパプ
● 焼きおにぎり	구운 주먹밥	クウン チュモクパプ
● 焼きそば	볶음소바	ポックムソバ
● チャーハン	볶음밥	ポックムパプ
● 抹茶アイス	말차 아이스크림	マルチャ アイスクリム
● パフェ	파르페	パルペ
● 杏仁豆腐	행인두부	ヘンインドゥブ

● ごまドレッシング	참깨 드레싱	チャムケ ドゥレシン
● 和風ドレッシング	일본풍 드레싱	イルボンプン ドゥレシン
● 青ジソドレッシング	푸른 차조기 드레싱	プルン チャジョギ ドゥレシン
● 梅ドレッシング	매실 드레싱	メシル ドゥレシン
● ワサビ醤油	와사비 간장, 고추냉이 간장	ワサビ カンジャン、 コチュネンイ カンジャン

(ご注文は)何になさいますか？

뭘로 하시겠어요?

ムォルロ ハシゲッソヨ？

飲み方はいかがなさいますか？

어떤 스타일로 드시겠어요?

オットン スタイルロ トゥシゲッソヨ？

「水割りにされますか？」は물을 넣어 드시겠습니까?(ムルル ノオ トゥシゲッ
スムニッカ)で、直訳すると「水を入れて召し上がりますか？」です。物을の
部分を뜨거운 물을(ットゥゴウン ムルル)にすると「お湯割りにされますか？」、
소다를(ソダルル)で「ソーダ割りにされますか？」になります。

シングルになさいますか、ダブルになさいますか？

싱글로 하시겠어요, 더블로 하시겠어요?

シングルロ ハシゲッソヨ、ドブルロ ハシゲッソヨ？

ロックになさいますか？

온더록으로 하시겠어요?

オンドログロ ハシゲッソヨ？

「ロック」「ストレート」はそれぞれ온더록(オンドロク)、스트레이트(ストゥレ
イトゥ)になります。

こちらは度数がすごく強いですが、大丈夫ですか？

이건 도수가 아주 높은데 괜찮으시겠어요?

イゴン トスガ アジュ ノプンデ クェンチャヌシゲッソヨ？

チェイサーはいかがなさいますか？

체이서는 어떻게 할까요?

チェイソヌン オットケ ハルカヨ？

このウォッカは40度です。

이 보드카는 40도예요.

イ ボドゥカヌン サシプトエヨ

席料1,500円を頂いています。

테이블 요금 1,500엔이 추가돼요.

テイブル ヨグム チョノベゲニ チュガドゥェヨ

これは甘口／辛口の日本酒です。

이건 사케인데 단 맛이에요. / 드라이한 맛이에요.

イゴン サケインデ タン マシエヨ／ドゥライハン マシエヨ

● ビール	맥주	メクチュ
● 地ビール	로컬 맥주	ロコル メクチュ
● カクテル	칵테일	カクテイル
● ウイスキー	위스키	ウィスキ
● ブランデー	브랜디	ブレンディ
● スピリッツ	스피리츠, 증류주	スピリチュ、チュンニュジュ
● リキュール	리큘	リキュル
● ワイン	와인	ワイン
● シャンパン	샴페인	シャムペイン
● シードル	시드르	シドゥル
● ミネラルウォーター	생수	センス
● 炭酸水	탄산수	タンサンス
● ノンアルコール飲料	무알코올 음료	ムアルコオル ウムニョ
● サワー	사와, 칵테일 소주	サワ、カクテイル ソジュ
● ウォッカ	보드카	ボドゥカ
● テキーラ	테킬라	テキルラ
● ラム酒	럼주	ロムジュ
● 蒸留酒	증류주	チュンニュジュ
● 焼酎	소주	ソジュ
● 日本酒	사케, 일본 술	サケ、イルボン スル
● 醸造所	양조장	ヤンジョジャン
● チェイサー	체이서	チェイソ
● おつまみ	안주	アンジュ

第 3 章

日本ならではの心遣いが光る
販売業のフレーズ

百貨店、家電量販店、雑貨店、コンビニといった、品物を売買する販売店での表現を集めました。

お客様の希望の尋ね方、セールの案内、配送方法の確認など、さまざまなフレーズを身につけましょう。

お荷物をお預かりしましょうか？
짐을 보관해 드릴까요?
チムル ボグァネ ドゥリルカヨ？

何かお探しですか？
특별히 찾으시는 거라도 있으세요?
トゥクピョリ チャジュシヌン ゴラド イッスセヨ？

どなた用ですか？
어느 분이 사용하실 건가요?
オヌ ブニ サヨンハシル コンガヨ？

気に入ったものはありましたか？
마음에 드시는 게 있으세요?
マウメ トゥシヌン ゲ イッスセヨ？

もしよろしければ試してみませんか？
괜찮으시다면 한번 입어 / 써 보시겠어요?
クェンチャヌシダミョン ハンボン イボ／ッソ ボシゲッソヨ？

 韓国語では、何を試すかにより下線部の表現が変わります。服は입어(イボ)、
帽子や眼鏡は써(ッソ)、靴は신어(シノ)、手袋は껴(ッキョ)になります。

何かございましたらお声掛けください。
필요하시면 말씀하세요.
ピリョハシミョン マルスマセヨ

ごゆっくりご覧ください。
천천히 둘러 보세요.
チョンチョニ トゥルロ ボセヨ

どうぞお手に取ってご覧ください。
만져 보셔도 돼요.
マンジョ ボショド トゥェヨ

担当者を呼んでまいります。
담당자를 불러 오겠습니다.
タムダンジャルル プルロ オゲッスムニダ

あちらの列にございます。
저쪽 줄에 있어요.
チョッチョク チュレ イッソヨ

 「こちらにございます」は、이쪽에 있어요.(イッチョゲ イッソヨ)です。

ご予算はございますか？

금액은 얼마 정도를 생각하고 계세요?

クメグン オルマ チョンドルル センガカゴ ケセヨ？

どのようなデザインがお好みでしょうか？

어떤 디자인을 선호하세요?

オットン ディジャイヌル ソノハセヨ？

色違いをお持ちしましょうか？

색상이 다른 걸 가져와 볼까요?

セクサンイ タルン ゴル カジョワ ボルカヨ？

「柄違い」であれば、色상이の部分を무늬가（ムニガ／柄が）に変えましょう。

他のスタイルも試してみますか？

다른 스타일도 한번 입어 / 써 보시겠어요?

タルン スタイルド ハンボン イボ／ッソ ボシゲッソヨ？

スタイルの部分を、色상（セクサン／色）や무늬（ムニ／柄）などに変えることも
できます。「試す」についてはp.112を参照してください。

こちらはご予算内でしょうか？

이건 생각하신 금액하고 맞으세요?

イゴン センガカシン クメカゴ マジュセヨ？

こちらでよろしいですか？

이게 맞으세요?

イゲ マジュセヨ？

 お客様が望んでいるサイズや色、デザインであるかを確認するために使います。勘違いや万一のトラブルを避ける上で、便利なフレーズです。

お買い上げになりますか？

구입하시겠습니까?

クイパシゲッスムニッカ？

❸
販売業

もう少し店内をご覧になりますか？ それともお会計なさいますか？

매장 안을 좀 더 둘러보시겠습니까? 아니면 계산하시겠습니까?

メジャン アヌル チョム ド トゥルロボシゲッスムニッカ？ アニミョン ケサナシゲッスムニッカ？

 매장（メジャン）には「売り場」の意味もありますが、「ショップ」のようなもう少し広い意味もあります。

セール・キャンペーンの案内をする MP3 046

大変お買い得です。
아주 싸게 나온 거예요.
アジュ ッサゲ ナオン ゴエヨ

毎週月曜日は5%オフです。
매주 월요일은 5% 할인됩니다.
メジュ ウォリョイルン オボセントゥ ハリンドゥェムニダ

ただ今、こちらの品は20%オフです。
지금 이 상품은 20% 할인됩니다.
チグム サンプムン イシッポセントゥ ハリンドゥェムニダ

レジにてさらに10%お引きします。
계산할 때 추가로 10%가 더 할인됩니다.
ケサナル ッテ チュガロ シッポセントゥガ ト ハリンドゥェムニダ

2点以上お買い上げで、10%オフになります。
두 개 이상 구입하시면 10% 할인됩니다.
トゥ ゲ イサン クイパシミョン シッポセントゥ ハリンドゥェムニダ

 「もう1つお買い上げで」と言いたい場合は、두 개 이상の部分を하나 더(ハナ ト)
に変えてください。

1つ800円ですが、3つお買い上げで2,000円です。

하나에 800엔인데 세 개 구입하시면 2,000엔입니다.

ハナエ パルベゲニンデ セ ゲ クイパシミョン イチョネニムニダ

5,000円以上お買い上げいただきますと、こちらのギフトを無料で差し上げます。

5,000엔 이상 구입하시면 이 사은품을 무료로 드립니다.

オチョネン イサン クイパシミョン イ サウンプムル ムリョロ トゥリムニダ

 この場合の「ギフト」には、사은품(サウンプム／謝恩品)という単語を使います。

300円ごとに抽選券を差し上げています。

300엔당 추첨권을 한 장씩 드립니다.

サムベゲンダン チュチョムクォヌル ハン ジャンシク トゥリムニダ

こちらの商品はセール除外品です。

이쪽은 세일 제외 품목이에요.

イッチョグン セイル チェウェ プムモギエヨ

 세일 대상 품목이 아닙니다.(セイル テサン プムモギ アニムニダ／セール対象 品目ではありません)とも言えます。

こちらはとても人気です。
이건 인기 상품이에요.
イゴン インキ サンプミエヨ

 「すぐ売り切れてしまいます」は금방 다 나가요.(クムバン タ ナガヨ)です。

使いやすいです。
사용하기 편해요.
サヨンハギ ピョネヨ

手入れが簡単です。
손질이 간편해요.
ソンジリ カンピョネヨ

軽くて持ちやすいです。
가벼워서 들기 편해요.
カビョウォソ トゥルギ ピョネヨ

どなたにでもお使いいただけます。
누구나 사용하실 수 있어요.
ヌグナ サヨンハシル ス イッソヨ

日本の高級ブランドです。

일본의 고급 브랜드예요.

イルボネ コグァ ブレンドゥエヨ

 「ブランド品」は명품（ミョンプム／名品）と言います。

京都から取り寄せたものです。

교토에서 들여온 거예요.

キョトエソ トゥリョオン ゴエヨ

お値ごろ感があります。

저렴하게 나왔어요.

チョリョマゲ ナワッソヨ

 싸게 나왔어요.（ッサゲ ナワッソヨ／安く出ています）でもOKですが、저렴
하게 나왔어요.のほうがよりフォーマルな表現です。

今日入ってきたばかりです。

오늘 막 들어왔어요.

オヌル マク トゥロワッソヨ

今年のはやりの商品です。

올해 유행하는 상품이에요.

オレ ユヘンハヌン サンプミエヨ

今の季節にぴったりの商品です。

지금 계절에 딱 맞는 상품이에요.

チグム ケジョレ ッタンマンヌン サンプミエヨ

当店の一番人気です。

저희 매장에서 가장 인기 있는 상품이에요.

チョイ メジャンエソ カジャン インキ インヌン サンプミエヨ

長持ちします。

오래 사용하실 수 있어요.

オレ サヨンハシル ス イッソヨ

一生ものです。

평생 사용하실 수 있어요.

ピョンセン サヨンハシル ス イッソヨ

 韓国語文の直訳は「一生お使いになれます」です。

定番です。

베이식한 상품이에요.

ベイシカン サンプミエヨ

ロングセラーです。

롱셀러 상품이에요.

ロンセルロ サンプミエヨ

最新モデルです。

최신 모델이에요.

チュェシン モデリエヨ

限定モデルです。

한정판이에요.

ハンジョンパニエヨ

日本限定の商品です。

일본 한정판이에요.

イルボン ハンジョンパニエヨ

<u>期間／季節</u>限定の商品です。

기간 / 계절 한정 상품이에요.

<u>キガン／ケジョル</u> ハンジョン サンプミエヨ

賞味期限が近いので、お安くしております。

유통기한이 얼마 안 남아서 싸게 팔고 있어요.

ユトンギハニ オルマ アン ナマソ ッサゲ パルゴ イッソヨ

褒める

お似合いになりますね。

잘 어울리시네요.

チャル オウルリシネヨ

「どちらもお似合いですね」なら、둘 다 잘 어울리시네요.(トゥル タ チャル オウルリシネヨ)となります。

センスが良いですね。

센스가 좋으시네요.

センスガ チョウシネヨ

洋服の着こなしがすごくお上手ですね。

옷을 잘 소화해 내시네요.

オスル チャル ソファヘ ネシネヨ

韓国語文の直訳は「洋服を良く消化しきれていらっしゃいますね」です。

弊社のブランドがよくお似合いになりますね。

저희 브랜드하고 잘 맞으시네요.

チョイ ブレンドゥハゴ チャル マジュシネヨ

저희 브랜드(弊社のブランド)の代わりに、自社の名前を入れて使うこともできます。

お客様の雰囲気にぴったりですね。
손님 스타일에 딱 맞으시네요.

ソンニム スタイレ ッタンマジュシネヨ

 「〜にぴったりですね」は-에 딱이네요.(エ ッタギネヨ)とも言えます。에の前を入れ替えることで、さまざまな表現ができます。

イメージがガラリと変わりましたね。
분위기가 확 달라지셨네요.

プヌィギガ ファク タルラジションネヨ

その他の褒め表現		MP3 049
● 華やかですね。	화려하네요.	ファリョハネヨ
● かっこいいですね。	멋지네요.	モッチネヨ
● 上品ですね。	우아하네요.	ウアハネヨ
● 人を強く引き付ける魅力がありますね。	카리스마가 느껴져요.	カリスマガ ヌッキョジョヨ
● オーラがありますね。	아우라가 느껴져요.	アウラガ ヌッキョジョヨ
● 個性的で素晴らしいですね。	개성이 넘치네요.	ケソンイ ノムチネヨ
● 垢抜けて見えますね。	세련돼 보여요.	セリョンドゥェ ボヨヨ
● 凛として見えますね。	당당해 보여요.	タンダンヘ ボヨヨ
● おしゃれですね。	스타일리시해 보여요.	スタイルリシヘ ボヨヨ

それ、私も使っていますがおすすめです。
그거 저도 쓰고 있는데 정말 추천해 드리고 싶어요.
クゴ チョド ッスゴ インヌンデ チョンマル チュチョネ ドゥリゴ シポヨ

それ、私は色違いを持っていますが、すごく良いです。
저는 색상이 다른 걸 가지고 있는데 정말 좋아요.
チョヌン セクサンイ タルン ゴル カジゴ インヌンデ チョンマル チョアヨ

私でしたらこちらを選びますね。
저라면 이걸 선택하겠어요.
チョラミョン イゴル ソンテカゲッソヨ

こちらの方が、お客様の雰囲気に合っていると思います。
이게 손님 스타일에 더 맞는 것 같아요.
イゲ ソンニム スタイレ ト マンヌン ゴッ カタヨ

こちらも似合いそうですね。
이것도 어울리실 것 같네요.
イゴット オウルリシル コッ カンネヨ

お気に召すものが見つかって良かったです。
마음에 드시는 걸 찾으셔서 다행이에요.
マウメ トゥシヌン ゴル チャジュショソ タヘンイエヨ

「できない」と言う、注意する

残念ながら、そちらは試着できません。
죄송하지만 이건 입어 / 써 보실 수 없어요.
チュェソンハジマン イゴン イボ／ッソ ボシル ス オプソヨ

 試着に関しても、「試す」と同じように物によって表現が変わってきます（p.112を参照）。ピアスなどを試しに付けてみようとしているお客様にご遠慮いただく場合は、下線部を껴（ッキョ）に置き換えましょう。

靴をお脱ぎください。
신발을 벗어 주세요.
シンバルル ボソ ジュセヨ

 韓国では靴を脱がない試着室もあるので、お伝えすると良いでしょう。

店内に飲食物を持ち込まないでください。
매장에 음식물을 가지고 들어오시면 안 돼요.
メジャンエ ウムシンムルル カジゴ トゥロオシミョン アン ドゥェヨ

食品衛生上の理由から、こちらはお持ち帰りできません。
이건 식품 위생상 싸 가실 수 없어요.
イゴン シクプム ウィセンサン ッサ ガシル ス オプソヨ

在庫を確認する、取り寄せる、取り置きする

在庫を確認しますので、少々お待ちください。
재고를 확인할 테니까 잠시만 기다려 주세요.
チェゴルル ファギナル テニッカ チャムシマン キダリョ ジュセヨ

在庫は出ているだけです。
전시품 외에는 재고가 없어요.
チョンシプム ウェエヌン チェゴガ オプソヨ

新しいものをお出しします。
새것을 꺼내 드리겠습니다.
セゴスル ッコネ ドゥリゲッスムニダ

こちらは在庫がありません。
이건 재고가 없어요.
イゴン チェゴガ オプソヨ

似ている商品ならございます。
비슷한 상품이라면 있어요.
ピスタン サンプミラミョン イッソヨ

廃棄品なのでお売りできません。
폐기품이라 판매하지 않습니다.
ペギプミラ パンメハジ アンスムニダ

こちらは完売です。

이건 완판됐어요.

イゴン ワンパンドゥェッソヨ

 다 나갔어요.(タ ナガッソヨ／全部出ていきました)、다 팔렸어요.(タ パル
リョッソヨ／全部売れました)と言っても伝わります。チケットなどの「売り
切れ」は매진(メジン)、「品切れ」は품절(プムジョル)です。

入荷に2、3日お時間がかかります。

입고되는 데 2, 3일 정도 시간이 걸려요.

イプコドゥェヌン デ イサミル チョンド シガニ コルリョヨ

再入荷日は9月1日です。

다음 입고일은 9월 1일이에요.

タウム イプコイルン クウォル イリリエヨ

いつ入荷できるかわかりません。

언제 입고될지 알 수 없어요.

オンジェ イプコドゥェルチ アル ス オプソヨ

ただ今、入荷待ちです。

지금 입고 대기 상태예요.

チグム イプコ テギ サンテエヨ

入荷したらご連絡いたします。

입고되면 연락드리겠습니다.

イプコドゥェミョン ヨルラクトゥリゲッスムニダ

旅行中のお客様には、続けて어느 호텔에 묵고 계세요?(オヌ ホテレ ムッコ
ケセヨ？／どちらのホテルに滞在されていますか？)、언제까지 일본에 계세요?
(オンジェッカジ イルボネ ケセヨ？／いつまで日本にいらっしゃいますか？)
と尋ねても良いでしょう。

オーダー品はキャンセルできません。

주문 제작품은 취소가 안 돼요.

チュムン チェジャクプムン チュィソガ アン ドゥェヨ

カスタムオーダーは受け付けておりません。

맞춤 제작은 하지 않습니다.

マッチュム チェジャグン ハジ アンスムニダ

ご希望でしたら、販売せずにお取り置きすることもできます。

원하신다면 팔지 않고 따로 빼놔 드릴 수도 있어요.

ウォナシンダミョン パルジ アンコ ッタロ ッペヌァ ドゥリル スド イッソヨ

お取り置きのようなシステムは韓国にはありませんので、こういったフレー
ズで説明すると良いでしょう。

他店に在庫があればお取り寄せします。

다른 매장에 재고가 있으면 가지고 오겠습니다.

タルン メジャンエ チェゴガ イッスミョン カジゴ オゲッスムニダ

お支払いは本日、またはお引き取り日のどちらになさいますか？

계산은 오늘 하시겠어요? 아니면 받으러 오신 날 하시겠어요?

ケサヌン オヌル ハシゲッソヨ？ アニミョン パドゥロ オシン ナル ハシゲッソヨ？

こちらの商品は品薄です。

이 상품은 재고가 얼마 안 남았어요.

イ サンプムン チェゴガ オルマ アン ナマッソヨ

お1人様1点限りです。

1인당 한 개씩만 구입하실 수 있어요.

イリンダン ハン ゲッシンマン クイパシル ス イッソヨ

その商品はお取り扱いしておりません。

그건 저희가 취급하지 않는 상품이에요.

クゴン チョイガ チュィグパジ アンヌン サンプミエヨ

こちらにご連絡先をご記入ください。

여기에 연락처를 기입해 주세요.

ヨギエ ヨルラクチョルル キイペ ジュセヨ

免税品(消費税)を扱う

免税をご希望の方は、販売員までお声掛けください。
면세를 원하시는 분은 판매원한테 말씀해 주세요.

ミョンセルル ウォナシヌン ブヌン パンメウォナンテ マルスメ ジュセヨ

 ここで言う免税とは、外国人旅行者向けの消費税(ソビセ/消費税)の払い戻し・免除のことです。

税抜き5,001円以上のお買い上げで免税になります。
소비세 뺀 금액으로 5,001엔 이상 구입하시면
면세 받을 수 있어요.

ソビセ ッペン クメグロ オチョン イレン イサン クイパシミョン ミョンセ パドゥル ス イッソヨ

 税込みで支払い後、免税カウンターで払い戻しを受ける方式(면세 카운터에서 소비세를 환불 받는 방식/ミョンセ カウントエソ ソビセルル ファンブル パンヌン パンシク)の説明です。「税抜き」は소비세 뺀 금액으로(消費税を抜いた金額で)と表現します。

免税をご希望の方は、専用レジへお願いします。
면세를 원하시는 분은 전용 카운터로 가 주세요.

ミョンセルル ウォナシヌン ブヌン チョニョン カウントロ カ ジュセヨ

あと1,500円分のお買い上げで免税となります。

1,500엔어치 더 구입하시면 면세 받을 수 있어요.

チョンオベゲノチ ト クイパシミョン ミョンセ パドゥル ス イッソヨ

免税の手続きをなさいますか？

면세 처리를 해 드릴까요?

ミョンセ チョリルル ヘ ドゥリルカヨ？

レジに一緒に来てください。

계산대로 같이 가시죠.

ケサンデロ カチ カシジョ

出国するまで開封しないでください。

출국할 때까지 개봉하시면 안 됩니다.

チュルグカル ッテッカジ ケボンハシミョン アン ドゥェムニダ

パスポートをご提示いただけますか？

여권을 보여 주시겠습니까?

ヨックォヌル ポヨ ジュシゲッスムニッカ？

当店は免税店ではありません。

저희는 면세 매장이 아니에요.

チョイヌン ミョンセ メジャンイ アニエヨ

値引き交渉に対応する

現金なら割引可能です。

현금 결제하시면 할인해 드릴 수 있어요.

ヒョングム キョルチェハシミョン ハリネ ドゥリル ス イッソヨ

店長に確認させてください。

점장님한테 확인해 보겠습니다.

チョムジャンニマンテ ファギネ ボゲッスムニダ

これ以上安くなりません。

더 이상은 싸게 해 드릴 수 없어요.

ト イサンウン ッサゲ ヘ ドゥリル ス オプソヨ

限界ギリギリです。

최대한 깎아 드린 거예요.

チュェデハン ッカッカ ドゥリン ゴエヨ

値引きできません。

깎아 드릴 수 없습니다.

ッカッカ ドゥリル ス オプスムニダ

贈り物ですか、それともご自宅用ですか？
선물용이세요? 아니면 손님이 사용하실 건가요?
ソンムルリョンイセヨ アニミョン ソンニミ サヨンハシル コンガヨ？

小分けの袋は必要ですか？
작은 봉투를 따로 넣어 드릴까요?
チャグン ポントゥルル ッタロ ノオ ドゥリルカヨ？

 「何枚ですか？」と聞きたい場合は몇 장 필요하세요?(ミョッ チャン ピリョハセヨ)と言いましょう。

お土産用の袋は必要ですか？
선물용 봉투 필요하세요?
ソンムルリョン ポントゥ ピリョハセヨ？

プレゼントを個別にお包みしましょうか？
선물을 따로따로 포장해 드릴까요?
ソンムルル ッタロッタロ ポジャンヘ ドゥリルカヨ？

プレゼント包装は300円です。
선물 포장 요금은 300엔입니다.
ソンムル ポジャン ヨグムン サムベゲニムニダ

リボンをおかけしましょうか？

리본을 매 드릴까요?

リボヌル メ ドゥリルカヨ？

今すぐお使いになりますか？

지금 바로 사용하실 건가요?

チグム パロ サヨンハシル コンガヨ？

値札は付いたままでよろしいですか？

가격표는 안 떼도 괜찮으세요?

カギョクピョヌン アン ッテド クェンチャヌセヨ？

（テープを貼りながら）お買い上げの証明です。

계산했다는 표시예요.

ケサネッタヌン ピョシエヨ

 韓国ではお買い上げいただいた印としてテープを貼る習慣はあまり見られませんので、このように説明すると良いでしょう。

袋／箱にお入れしてよろしいですか？

봉투 / 상자에 넣어 드리면 될까요?

ポントゥ／サンジャエ ノオ ドゥリミョン トゥェルカヨ？

袋は1つでよろしいですか？

봉투는 한 장이면 될까요?

ポントゥヌン ハン ジャンイミョン トゥェルカヨ？

温かいものと冷たいものは、別々の袋にしますか？

따뜻한 거랑 차가운 건 봉투를 따로 해서 넣어 드릴까요?

ッタットゥタン ゴラン チャガウン ゴン ポントゥルル ッタロ ヘソ ノオ ドゥリルカヨ？

(品物を)一緒の袋に入れて良いですか？

같은 봉투에 넣어 드려도 될까요?

カトゥン ポントゥエ ノオ ドゥリョド トゥエルカヨ？

二重包装いたしますね。

이중으로 포장해 드리겠습니다.

イジュンウロ ポジャンヘ ドゥリゲッスムニダ

気泡緩衝材でお包みしますね。

에어캡으로 포장해 드리겠습니다.

エオケプロ ポジャンヘ ドゥリゲッスムニダ

雨よけのカバーをお付けしましょうか？

비막이 커버를 씌워 드릴까요?

ピマギ コボルル ッシウォ ドゥリルカヨ？

 日本らしい心配りのフレーズです。お客様に喜ばれます。

袋を1つにおまとめしましょうか？

봉투를 하나로 정리해 드릴까요?

ポントゥルル ハナロ チョンニヘ ドゥリルカヨ？

持ち帰り時の配慮をする

生ものですので、お早めにお召し上がりください。
날 음식이니까 빨리 드시는 게 좋아요.
ナル ウムシギニッカ ッパルリ トゥシヌン ゲ チョアヨ

2時間以内にお召し上がりください。
2시간 이내로 드시는 게 좋아요.
トゥシガン イネロ トゥシヌン ゲ チョアヨ

お日持ちは本日中です。
오늘 중으로 드셔야 해요.
オヌル チュンウロ トゥショヤ ヘヨ

要冷蔵です。
냉장 보관하셔야 해요.
ネンジャン ポグァナショヤ ヘヨ

常温で保存してください。
실온에 보관해 주세요.
シロネ ポグァネ ジュセヨ

お持ち歩きのお時間はどれくらいですか？

이동시간이 얼마나 되세요?

イドンシガニ オルマナ トゥェセヨ？

賞味期限は7日間です。

유통기한은 7일입니다.

ユトンギハヌン チリリムニダ

保冷剤をお付けしますか？

아이스팩을 넣어 드릴까요?

アイスペグル ノオ ドゥリルカヨ？

 드라이 아이스(ドゥライアイス／ドライアイス)と言うこともあります。

❸
販売業

保冷剤の効果は1時間半です。

아이스팩 효과는 1시간 반 지속됩니다.

アイスペク ヒョグァヌン ハンシガン バン チソクトゥェムニダ

壊れやすいので気を付けてください。

깨지기 쉬우니까 조심하세요.

ッケジギ スィウニッカ チョシマセヨ

 깨지다(ッケジダ)は主にお皿などの割れ物に対して使われます。ケーキなどの食べ物が「くずれやすいので」と言いたい場合は、깨지기の代わりに찌그러지기(ッチグロジギ)を使ってください。

配送方法を尋ねる

ご配送されますか？　お持ち帰りになりますか？
배송하시겠어요? 가지고 가시겠어요?
ペソンハシゲッソヨ？ カジゴ カシゲッソヨ？

送料は480円です。
배송료는 480엔입니다.
ペソンニョヌン サベクパルシベニムニダ

品物は、宅配便で約1週間で届きます。
물품은 택배로 약 1주일 안에 도착할 거예요.
ムルプムン テクペロ ヤク イルチュイル アネ トチャカル コエヨ

お届けは最速で8月8日です。
제일 빠르면 8월 8일에 도착할 거예요.
チェイル ッパルミョン パルォル パリレ トチャカル コエヨ

海外配送は行っていません。
해외 배송은 안 됩니다.
ヘウェ ペソンウン アン ドゥェムニダ

 海外配送を行っている場合は、海外 배송 가능합니다. (ヘウェ ペソン カヌン
ハムニダ／海外配送可能です) と言います。

修理・返品について説明する

返品・交換の際は、1週間以内にレシートと一緒にお持ちください。

반품, 교환은 1주일 이내로 영수증하고 같이 가지고 오시면 돼요.

パンプム、キョファヌン イルチュイル イネロ ヨンスジュンハゴ カチ カジゴ オシミョン トゥエヨ

こちらは、日本国内でのみメーカー保証を受けられます。

이 제품은 일본 내에서만 제조사 보증을 받을 수 있어요.

イ チェプムン イルボン ネエソマン チェジョサ ポジュンウル パドゥル ス イッソヨ

 韓国語で메이커(メイコ/メーカー)は「有名なブランド」という意味でも使われます。この場合の「メーカー」は제조사(チェジョサ/製造社)と表現します。

こちらは、世界中でメーカー保証を受けられます。

이 제품은 전 세계에서 제조사 보증을 받을 수 있어요.

イ チェプムン チョン セゲエソ チェジョサ ポジュンウル パドゥル ス イッソヨ

返品は全店でできます。

반품은 모든 매장에서 가능합니다.

パンプムン モドゥン メジャンエソ カヌンハムニダ

❸
販売業

不良品以外は、返品・交換できません。

불량품 이외에는 반품이나 교환이 안 됩니다.

プルリャンプム イウェエヌン パンプミナ キョファニ アン ドゥェムニダ

開封後の品物の返品は承っておりません。

개봉한 물건은 반품하실 수 없어요.

ケボンハン ムルゴヌン パンプマシル ス オプソヨ

洗濯した商品はご返品いただけません。

세탁한 상품은 반품하실 수 없어요.

セタカン サンプムン パンプマシル ス オプソヨ

こちらはメーカー保証書です。レシートと一緒に保管してください。

이건 제조사 보증서예요. 영수증하고 같이 보관해 주세요.

イゴン チェジョサ ポジュンソエヨ。ヨンスジュンハゴ カチ ポグァネ ジュセヨ

こちらは2年間保証です。

이 제품의 보증기간은 2년입니다.

イ チェプメ ポジュンギガヌン イニョニムニダ

購入後1年間、無償で修理いたします。

구입 후 1년 동안 무상으로 수리해 드립니다.

クイプ フ イルリョン トンアン ムサンウロ スリヘ ドゥリムニダ

修理代は1,000円です。

수리비는 1,000엔입니다.

スリビヌン チョネニムニダ

お受け取りは、水曜日の午後5時以降になります。

수요일 오후 5시 이후로 찾아가실 수 있어요.

スヨイル オフ タソッシ イフロ チャジャガシル ス イッソヨ

 찾아가실 수 있어요.는 「お受け取りになれます」という意味で、汎用性の高い
表現です。

こちらは当店では修理できません。

이건 저희 매장에서는 수리가 안 됩니다.

イゴン チョイ メジャンエソヌン スリガ アン ドゥェムニダ

メーカーに修理の依頼をいたしましょうか？

제조사에 수리를 맡길까요?

チェジョサエ スリルル マッキルカヨ？

お待ちいただく

お掛けになってお待ちください。

앉아서 기다려 주세요.

アンジャソ キダリョ ジュセヨ

店内をご覧になってお待ちください。

매장을 둘러보시면서 기다려 주세요.

メジャンウル トゥルロボシミョンソ キダリョ ジュセヨ

5分後にお呼びしますので、引換券をご用意ください。

5분 후에 부를 테니까 교환권을 가지고 기다려 주세요.

オブン フエ プルル テニッカ キョファンクォヌル カジゴ キダリョ ジュセヨ

 「ご用意ください」は、ここでは가지고 기다려 주세요(持ってお待ちください)と表現しています。

番号札をお渡ししますので、番号が呼ばれたらサービスカウンターにてお出しください。

번호표를 드릴 테니까 번호를 부르면 서비스 카운터에 제시해 주세요.

ポノピョルル トゥリル テニッカ ポノルル プルミョン ソビス カウントエ チェシヘ ジュセヨ

普段はどのような服装が多いですか？
평소에는 어떤 스타일로 옷을 입으세요?
ピョンソエヌン オットン スタイルロ オスル イブセヨ？

好きなデザインはありますか？
선호하시는 디자인이 있으세요?
ソノハシヌン ディジャイニ イッスセヨ？

フリーサイズです。
프리 사이즈예요.
プリ サイジュエヨ

アイロンなしでOKです。
다림질이 필요 없어요.
タリムジリ ピリョ オプソヨ

3〜5歳用です。
3세에서 5세용입니다.
サムセエソ オセヨンイムニダ

3
販売業

コーディネートしやすいです。
코디하기 편해요.
コディハギ ピョネヨ

夏に合っていますね。
여름에 **딱 어울리네요.**
ヨルメ ッタク オウルリネヨ

 「春に」は봄에(ポメ)、「秋に」は가을에(カウレ)、「冬に」は겨울에(キョウレ)
です。

オールシーズン着られます。
사계절 다 입을 수 있어요.
サゲジョル タ イブル ス イッソヨ

こちらを先にお召しになりませんか？
이걸 먼저 입어 보시는 게 어때요?
イゴル モンジョ イボ ボシヌン ゲ オッテヨ?

試着室へのお洋服の持ち込みは3点までです。
피팅룸에는 옷을 세 개까지만 가지고 가실 수 있어요.
ピティンヌメヌン オスル セ ゲッカジマン カジゴ カシル ス イッソヨ

着心地[付け心地]はいかがですか？
착용감이 어떠세요?
チャギョンガミ オットセヨ?

 直訳すると「着用感はいかがですか？」になります。衣類、靴、帽子、メガネ
などほぼすべてのものの試着時に使える、便利なフレーズです。

フェイスカバーをお使いください。
페이스 커버를 사용해 주세요.
ペイス コボルル サヨンヘ ジュセヨ

 韓国では、試着時にフェイスカバーを付ける習慣はあまりないので、試着時にこうお願いするか、貼り紙(p.283 **119** 参照)をしておくと良いでしょう。

お鏡で合わせてみてください。
거울로 한번 보세요.
コウルロ ハンボン ポセヨ

 韓国語文の直訳は「鏡で一度見てください」です。

❸ 販売業

ご試着が終わりましたらお声掛けください。
다 입으시면 말씀해 주세요.
タ イブシミョン マルスメ ジュセヨ

裾上げいたしましょうか？
기장 수선해 드릴까요?
キジャン スソネ ドゥリルカヨ？

裾上げは1時間でできます。
기장 수선은 1시간이면 가능해요.
キジャン スソヌン ハンシガニミョン カヌンヘヨ

 기장은 길이(キリ／長さ)に置き換えることもできます。

特徴・質感

● 柔らかい 〜	부드러운 …	プドゥロウン
● 粗い、ざらざらした 〜	거친 …, 까칠까칠한 …	コチン、ッカチルカチラン
● なめらかな、すべすべした 〜	매끈매끈한 …	メックンメックナン
● ふわふわした 〜	푹신푹신한 …	プクシンプクシナン
● きつい 〜	꽉 끼는 …	ックァク ッキヌン
● 緩い 〜	헐렁한 …, 여유 있는 …	ホルロンハン、ヨユ インヌン
● 上品な 〜	우아한 …	ウアハン
● しわの寄らない 〜	주름이 안 가는 …	チュルミ アン ガヌン
● 形状記憶の 〜	형상 기억 …	ヒョンサン キオク
● 張りのある 〜	탄력이 있는 …	タルリョギ インヌン
● 高級感のある 〜	고급스러운 …	コグプスロウン
● 伸縮性のある 〜	신축성이 있는 …	シンチュクソンイ インヌン

ケースから出してご覧になりますか？
케이스에서 꺼내 보시겠습니까?
ケイスエソ ッコネ ボシゲッスムニッカ？

汗に弱いです。使用後は柔らかい布で拭いてください。
땀에 약하니까 사용 후에는 부드러운 천으로 닦아 주세요.
ッタメ ヤカニッカ サヨン フエヌン プドゥロウン チョヌロ タッカ ジュセヨ

ヘアスプレーや香水の使用にはお気を付けください。
変色の原因となる可能性があります。
헤어 스프레이나 향수 사용은 조심해 주세요.
변색될 수 있거든요.
ヘオ スプレイナ ヒャンス サヨンウン チョシメ ジュセヨ。ピョンセクトゥエル ス イッコドゥニョ

鑑定[鑑別]書をお作りします。
감정서를 발행해 드리겠습니다.
カムジョンソルル パレンヘ ドゥリゲッスムニダ

宝石		
● 誕生石	탄생석	タンセンソク
● 天然石	천연석	チョニョンソク
● 人工石	인공석	インゴンソク
● 貴石	귀석	クィソク
● 半貴石	반귀석	パングィソク
● 金	금	クム
● 18金	18금	シッパルグム
● 銀	은	ウン
● プラチナ	백금	ペックム
● チタン	티타늄	ティタニュム
● 淡水パール	담수 진주	タムス チンジュ
● コハク	호박, 앰버	ホバク、エムボ
● サンゴ	산호	サノ
● ベッコウ	대모갑	テモガプ
● ヒスイ	비취	ピチュィ
● 刻印	각인	カギン
● メッキ	도금	トグム
● 金メッキの ～	금 도금 …	クム トグム
● 銀メッキの ～	은 도금 …	ウン トグム
● 金属アレルギー対応の ～	금속 알레르기 방지 …	クムソク アルレルギ パンジ
● 産出国	산출국	サンチュルグク

特講 サイズについて述べる

サイズは合っていますか？
사이즈는 맞으세요?
サイジュヌン マジュセヨ？

きつ過ぎたりしませんか？
꽉 끼지는 않으세요?
ックァク ッキジヌン アヌセヨ？

サイズはいくつですか？
사이즈가 어떻게 되세요?
サイジュガ オットケ トゥェセヨ？

どこの国のサイズですか？
어느 나라 사이즈예요?
オヌ ナラ サイジュエヨ？

> または한국 사이즈예요?（ハングク サイジュイエヨ？／韓国のサイズですか？）
> と聞いてみましょう。

サイズ表をお持ちします。
사이즈표를 가지고 오겠습니다.
サイジュピョルル カジゴ オゲッスムニダ

> 日本と主要国のサイズ一覧表を用意しておくと、接客ツールとして活用できます。

149

サイズをお測りしましょうか？

사이즈를 재 드릴까요?

サイジュルル チェ ドゥリルカヨ？

 韓国でも同じように센티(センティ／センチ)を使います。なお、靴のサイズ
の場合は、24センティといった言い方でも伝わりますが、240(イベク サシプ)と
ミリ単位で言うのが一般的です。

こちらは、他のものより<u>大きめに</u>／<u>小さめに</u>作られています。

이건 다른 제품보다 크게 / 작게 나왔어요.

イゴン タルン チェプムボダ *クゲ*／*チャッケ* ナワッソヨ

別のサイズがあります。

다른 사이즈도 있어요.

タルン サイジュド イッソヨ

通常よりワンサイズ<u>上</u>をおすすめします。

평소보다 한 사이즈 더 크게 입으시는 게 맞아요.

ピョンソボダ ハン サイジュ ト クゲ イブシヌン ゲ マジャヨ

ワンサイズ<u>上</u>を／<u>下</u>をお試しになりませんか？

한 사이즈 큰 걸 / 작은 걸 입어 보시겠어요?

ハン サイジュ *クン ゴル*／*チャグン ゴル* イボ ボシゲッソヨ？

こちらは温めましょうか?

이건 데워 드릴까요?

イゴン テウォ ドゥリルカヨ?

箸／スプーンをお付けしましょうか？

젓가락 / 숟가락 넣어 드릴까요?

チョッカラク／スッカラク ノオ ドゥリルカヨ?

 小さいスプーンは스푼(スプン)と言います。

あちらのポットのお湯をお使いください。

저쪽에 있는 보온포트 물을 이용하시면 됩니다.

チョッチョゲ インヌン ポオンポトゥ ムルル イヨンハシミョン トゥエムニダ

レジ袋は必要ですか？　1枚5円です。

봉투 필요하세요? 한 장에 5엔입니다.

ポントゥ ピリョハセヨ? ハン ジャンエ オエニムニダ

あちらのカウンターでお食事いただけます。

저쪽 카운터에서 드실 수 있어요.

チョッチョク カウントエソ トゥシル ス イッソヨ

日本の野菜・果物

● キャベツ	양배추	ヤンベチュ
● 大根	무	ム
● カブ	순무	スンム
● 白菜	배추	ペチュ
● ホウレンソウ	시금치	シグムチ
● 小松菜	소송채	ソソンチェ
● 水菜	경수채	キョンスチェ
● シソ	차조기	チャジョギ
● ジャガイモ	감자	カムジャ
● サツマイモ	고구마	コグマ
● サトイモ	토란	トラン
● ナガイモ	참마	チャムマ
● レンコン	연근	ヨングン
● ゴボウ	우엉	ウオン
● ニンジン	당근	タングン
● タマネギ	양파	ヤンパ
● ネギ	파	パ
● トマト	토마토	トマト
● キュウリ	오이	オイ
● ナス	가지	カジ
● ピーマン	피망	ピマン
● シシトウ	꽈리고추	ックァリゴチュ
● カボチャ	호박	ホバク
● オクラ	오크라	オクラ
● ゴーヤ	여주	ヨジュ
● マイタケ	잎새버섯	イプセボソッ
● エノキ	팽이버섯	ペンイボソッ

● エリンギ	새송이버섯	セソンイボソッ
● ナメコ	나도팽나무버섯	ナドペンナムボソッ
● シメジ	만가닥버섯	マンガダクボソッ
● シイタケ	표고버섯	ピョゴボソッ
● ミョウガ	양하	ヤンハ
● ミツバ	파드득나물	パドドゥンナムル
● トウモロコシ	옥수수	オクスス
● ショウガ	생강	センガン
● タケノコ	죽순	チュクスン
● イチゴ	딸기	ッタルギ
● ブドウ	포도	ポド
● メロン	멜론	メルロン
● マスクメロン	머스크 멜론	モスク メルロン
● サクランボ	체리	チェリ
● モモ	복숭아	ポクスンア
● スイカ	수박	スバク
● ナシ	배	ペ
● 洋ナシ	서양배	ソヤンベ
● 柿	감	カム
● リンゴ	사과	サグァ
● ミカン	귤	キュル
● ユズ	유자	ユジャ
● スダチ	영귤	ヨンギュル
● 金柑	금귤	クムギュル
● 梅	매실	メシル
● キウイ	키위	キウィ
● イチジク	무화과	ムファグァ
● バナナ	바나나	バナナ

❸ 販売業

肉の種類

● 牛肉	소고기	ソゴギ
● 豚肉	돼지고기	トゥェジゴギ
● 鶏肉	닭고기	タッコギ
● 羊肉	양고기	ヤンゴギ
● 仔羊肉	어린 양고기	オリン ヤンゴギ
● 馬肉	말고기	マルゴギ
● ひき肉	다짐육	タジムニュク
● 骨付き肉	뼈에 붙은 고기	ッピョエ プトゥン コギ
● ロース	등심	トゥンシム
● ヒレ	안심	アンシム
● レバー	간	カン
● 牛タン	우설	ウソル
● 砂肝	닭똥집	タクトンチプ
● 和牛	와규, 일본산 소고기	ワギュ、イルボンサン ソゴギ
● 霜降り肉	상강육	サンガンニュク
● 熟成肉	숙성육	スクソンニュク

韓国語の取扱説明書が付いています。
한국어 설명서가 들어 있어요.
ハングゴ ソルミョンソガ トゥロ イッソヨ

メモリーカードは別売りです。
메모리 카드는 별도로 판매해요.
メモリ カドゥヌン ピョルトロ パンメヘヨ

海外でご利用いただくには変圧器が必要です。
해외에서 사용하실 때는 변압기가 필요해요.
ヘウェエソ サヨンハシル ッテヌン ピョナプキガ ピリョヘヨ

日本の電化製品を韓国で使うには基本的には変圧器が必要ですが、100V～
240V対応の電化製品の場合は変圧プラグのみで済みます。変圧プラグは変
換 플러그(ピョヌァン プルログ)です。その形状から、돼지코(トゥェジコ／
ブタの鼻)とも言われます。

省エネ設計です。
절전형으로 설계돼 있어요.
チョルチョニョンウロ ソルゲドゥェ イッソヨ

防水加工されています。
방수 처리가 돼 있어요.
パンス チョリガ トゥェ イッソヨ

展示品です。
전시품이에요.
チョンシプミエヨ

電池が付いています。
배터리가 포함돼 있어요.
ベトリガ ポハムドゥェ イッソヨ

充電式です。
충전식이에요.
チュンジョンシギエヨ

付属パーツが充実しています。
부속품이 알차요.
プソクプミ アルチャヨ

現在はどのモデルをお使いですか？
지금은 어느 모델을 사용하세요?
チグムン オヌ モデルル サヨンハセヨ？

日本国内では販売しておりません。
일본에서는 판매하지 않아요.
イルボネソヌン パンメハジ アナヨ

量り売りです。
무게로 팔아요.
ムゲロ パラヨ

 韓国語文の直訳は「重さで売ります」です。

100グラム1,000円です。
100그램당 1,000엔이에요.
ペックレムダン チョネニエヨ

日本の伝統的な製品です。
일본 전통 제품이에요.
イルボン チョントン チェプミエヨ

400年前から同じ技術で作られています。
400년 전부터 같은 기술로 만들고 있어요.
サベンニョン ジョンブト カトゥン キスルロ マンドゥルゴ イッソヨ

職人による手作りです。
장인이 손으로 직접 만든 거예요.
チャンイニ ソヌロ チクチョプ マンドゥン ゴエヨ

この箸は、漆が塗られています。

이 젓가락은 옻칠이 돼 있어요.

イ チョッカラグン オッチリ トゥェ イッソヨ

 漆器のことは、옻그릇（オックルッ）と言います。

絹に刺繍をほどこしています。

비단에 자수가 놓아져 있어요.

ピダネ チャスガ ノアジョ イッソヨ

ご当地限定品です。

지역 한정품이에요.

チヨク ハンジョンプミエヨ

試食可能です。

시식 가능합니다.

シシク カヌンハムニダ

日持ちがするのはこれです。

이게 더 오래 가요.

イゲ ト オレ ガヨ

あんこを餅で包んだものです。

떡으로 팥소를 감싸 만든 거예요.

ットグロ パッソルル カムサ マンドゥン ゴエヨ

チーズケーキの味に似ています。

치즈 케이크하고 맛이 비슷해요.

チジュ ケイクハゴ マシ ピステヨ

 韓国人になじみのある味に近い場合、치즈 케이크の部分を変えて言ってみると良いでしょう。

普段はどういうお酒を飲んでいますか？

평소에는 어떤 술을 잘 드세요?

ピョンソエヌン オットン スルル チャル トゥセヨ？

この日本酒は、お燗_{かん}で／冷酒で飲むとおいしいです。

이 사케는 따뜻하게 / 차게 해서 드시면 더 맛있어요.

イ サケヌン ッタットゥタゲ／チャゲ ヘソ トゥシミョン ト マシッソヨ

日本の土産品		
● 扇子	부채	プチェ
● 暖簾_{のれん}	출입구에 거는 천	チュリプクエ コヌン チョン
● 手ぬぐい	일본식 손수건	イルボンシク ソンスゴン
● ふろしき	보자기	ポジャギ
● 浴衣	유카타, 여름 기모노	ユカタ、ヨルム キモノ
● 茶器	다기, 찻그릇	タギ、チャックルッ
● 陶器	도자기	トジャギ
● 弁当箱	도시락통	トシラクトン

MP3 070

● 漬物	야채 장아찌, 야채 절임	ヤチェ チャンアッチ、ヤチェ チョリム
● 料理レプリカ	음식 모형	ウムシク モヒョン
● 箸	젓가락	チョッカラク
● 日本人形	일본 인형	イルボン イニョン
● だるま	달마	タルマ
● こけし	고케시 인형	コケシ イニョン
● たぬきの置物	너구리 장식품	ノグリ チャンシクプム
● 招き猫	행운의 고양이 장식품	ヘンウネ コヤンイ チャンシクプム
● (冷蔵庫の)マグネット	(냉장고) 자석	(ネンジャンゴ) チャソク
● 貯金箱	저금통	チョグムトン
● 蚊取り豚	돼지 모기향 케이스	トゥェジ モギヒャン ケイス
● 湯たんぽ	보온 물주머니	ポオン ムルジュモニ
● くし	빗	ピッ
● かんざし	비녀	ピニョ
● 草履	쪼리	ッチョリ
● げた	게타, 나막신	ゲタ、ナマクシン
● 和傘	일본 우산	イルボン ウサン
● 風鈴	풍경	プンギョン
● ちょうちん	제등	チェドゥン
● 爪切り	손톱깎이	ソントプカッキ
● 能のお面	노 가면	ノ カミョン
● 熊手	대나무 갈퀴	テナム カルクィ
● たこ	연	ヨン
● コマ	팽이	ペンイ

お肌に何かお悩みがありますか？
피부 트러블 같은 게 있으세요?
ピブ トゥロブル カトゥン ゲ イッスセヨ？

普段お使いになる色は何色ですか？
평소에 어떤 색깔을 사용하세요?
ピョンソエ オットン セッカルル サヨンハセヨ？

【化粧品】何かアレルギーはございますか？
피부 알레르기가 있으세요?
ピブ アルレルギガ イッスセヨ？

乳液とセットでお使いください。
로션하고 세트로 사용해 주세요.
ロショナゴ セトゥロ サヨンヘ ジュセヨ？

そちらを頂戴します。
제가 버려 드릴게요.
チェガ ポリョ ドゥリルケヨ

お客様がゴミを手にしているのを目にしたら、手を差し出してこう言いましょう。韓国語文の直訳は「私が捨てて差し上げます」です。

161

メイクを落としますがよろしいですか？
화장을 지워야 하는데 괜찮으세요?
ファジャンウル チウォヤ ハヌンデ クェンチャヌセヨ？

美白効果があります。
미백 효과가 있어요.
ミベク ヒョグァガ イッソヨ

お肌を元気にしてくれます。
피부를 건강하게 만들어 줘요.
ピブルル コンガンハゲ マンドゥロ ジュォヨ

落ちにくいタイプです。
잘 지워지지 않는 타입이에요.
チャル チウォジジ アンヌン タイビエヨ

毛穴を引き締めてくれます。
모공을 축소시켜 줘요.
モゴンウル チュクソシキョ ジュォヨ

こちらはしっとりタイプ、こちらはさっぱりタイプです。
이건 촉촉한 타입이고 이건 산뜻한 타입이에요.
イゴン チョクチョカン タイビゴ イゴン サントゥタン タイビエヨ

 건성 피부용(コンソン ピブヨン／乾燥肌向け)、지성 피부용(チソン ピブヨン／
脂性肌向け)などと言っても良いでしょう。

血行を促進してくれます。

혈액순환을 촉진시켜 줘요.

ヒョレクスヌァヌル チョクチンシキョ ジュォヨ

赤みや色ムラをカバーしてくれます。

붉은기나 불균일한 피부톤을 커버해 줘요.

プルグンキナ プルギュニラン ピブトヌル コボヘ ジュォヨ

肌に透明感を出してくれます。

피부에 투명함을 더해 줘요.

ピブエ トゥミョンハムル トヘ ジュォヨ

肌の老化を防止してくれます。

피부 노화를 방지해 줘요.

ピブ ノファルル パンジヘ ジュォヨ

中身を確認いたしましょう。

내용물을 확인해 드리겠습니다.

ネヨンムルル ファギネ ドゥリゲッスムニダ

 購入される製品が折れたり割れたりしていないか、お客様に確認していただく際に使います。

サンプルをお入れしましたので、お試しください。

샘플을 넣어 드렸으니까 한번 써 보세요.

セムプルル ノオ ドゥリョッスニッカ ハンボン ッソ ボセヨ

化粧品		
● 化粧水	스킨	スキン
● 乳液	로션	ロション
● 美容液	에센스	エセンス
● まつ毛美容液	속눈썹 에센스	ソンヌンソプ エセンス
● 洗顔料	세안제	セアンジェ
● スクラブ洗顔料	얼굴 스크럽제	オルグル スクロプチェ
● 洗顔フォーム	클렌징 폼	クルレンジン ポム
● クレンジングクリーム／オイル	클렌징 크림/오일	クルレンジン クリム／オイル
● パック	팩	ペク
● リップクリーム	립밤	リッパム
● グロス	립글로스	リプクルロス
● 口紅	립스틱	リプスティク
● チーク(頬紅)	볼터치, 블러셔	ポルトチ、ブルロショ
● 下地	메이크업 베이스	メイクオプ ベイス
● 日焼け止め	선크림	ソンクリム
● ファンデーション	파운데이션	パウンデイション
● コンシーラー	컨실러	コンシルロ
● マスカラ	마스카라	マスカラ
● ビューラー	뷰러	ビュロ
● 眉ブラシ／コーム	눈썹 솔 / 빗	ヌンソプ ソル／ピッ
● アイライナー	아이라이너	アイライノ
● リップライナー	립라이너	リムナイノ
● アイブロウペンシル	아이브로 펜슬	アイブロ ペンスル
● アイシャドウ	아이섀도	アイシェド
● ハイライト	하이라이트	ハイライトゥ
● シャンプー	샴푸	シャムプ
● コンディショナー	컨디셔너	コンディショノ

● 香水	향수	ヒャンス
● ヘアブラシ	머리빗	モリビッ
● マニキュア	매니큐어	メニキュオ
● 除光液	리무버	リムボ
● 油取り紙	기름종이	キルムジョンイ
● おしろい	파우더	パウド
● 化粧パフ	파우더 퍼프	パウド ポプ
● 化粧スポンジ	메이크업 스펀지	メイクオプ スポンジ
● 毛抜き	족집게	チョクチプケ

効能・特徴

MP3 073

● (肌の)引き締め効果	수축 효과	スチュク ヒョグァ
● (肌の)引き上げ効果	리프팅 효과	リプティン ヒョグァ
● アンチエイジング効果	안티 에이징 효과	アンティ エイジン ヒョグァ
● 美白効果	미백 효과	ミベク ヒョグァ
● 抗酸化作用のある ~	항산화 기능이 있는 …	ハンサヌァ キヌンイ インヌン
● シミ予防の ~	기미 예방 …	キミ イェバン
● UVカットの ~	자외선 차단 …	チャウェソン チャダン
● 毛穴クレンジングの ~	모공 클렌징 …	モゴン クルレンジン
● 乾燥肌	건성 피부	コンソン ピブ
● 脂性肌	지성 피부	チソン ピブ
● 混合肌	복합성 피부	ポカプソン ピブ
● 敏感肌	민감성 피부	ミンガムソン ピブ
● 保湿の ~	보습 …	ポスプ
● 落ちにくい ~	잘 지워지지 않는 …	チャル チウォジジ アンヌン

● べとべとしない 〜	끈적이지 않는 …	ックンジョギジ アンヌン
● パウダー状の 〜	파우더 형태 …	パウド ヒョンテ
● 液体の 〜	액체 …	エクチェ
● ラメ入りの 〜	반짝이가 들어간 …	パンチャギガ トゥロガン
● マットな 〜	매트한 …	メトゥハン
● ツヤ感のある 〜	윤기가 나는 …	ユンキガ ナヌン
● にじまない 〜	번지지 않는 …	ポンジジ アンヌン
● 水に強い 〜	물에 강한 …	ムレ カンハン
● 汗に強い 〜	땀에 강한 …	ッタメ カンハン
● 無香料の 〜	무향료 …	ムヒャンニョ
● 甘い香りの 〜	달콤한 향 …	タルコマン ヒャン
● オーガニックの 〜	오가닉, 유기농 …	オガニク、ユギノン
● 防腐剤無添加の 〜	방부제 무첨가 …	パンブジェ ムチョムガ

100mlを超える容器に入った液体物は手荷物として持ち込めません。

100ml가 넘는 용기에 든 액체류는 수하물로 반입하실 수 없습니다.

ペンミルリリトガ ノムヌン ヨンギエ トゥン エクチェリュヌン スハムルロ パニパシル ス オプスムニダ

透明なプラスチック製のジップ付きの袋に入れてください。

투명한 플라스틱 지퍼 팩에 넣어 주세요.

トゥミョンハン プルラスティク ジポ ペゲ ノオ ジュセヨ

この品物は、没収される可能性があります。

이 물품은 압수될 가능성이 있습니다.

イ ムルプムン アプスドゥェル カヌンソンイ イッスムニダ

❸ 販売業

第 4 章

楽しい思い出を作っていただく
宿泊・レジャー・美容業のフレーズ

ホテル・旅館などの宿泊施設、遊園地や観光施設・名所などのレジャースポット、また、美容室やエステといった美容業において使える、さまざまな接客表現を集めました。

ようこそお越しくださいました。
오신 걸 환영합니다.
オシン ゴル ファニョンハムニダ

저희 호텔에(チョイ ホテレ／私どものホテルに)などを冒頭に付けるのがよ
り自然です。「いらっしゃいませ」は、p.16で登場した어서 오세요.(オソ オ
セヨ)が使えます。

ごゆっくりおくつろぎください。
편히 쉬세요.
ピョニ スィセヨ

いってらっしゃいませ。
조심히 다녀오세요.
チョシミ タニョオセヨ

「良い1日を」に当たる좋은 하루 되세요.(チョウン ハル トゥェセヨ)も「いっ
てらっしゃいませ」の意味で良く使われます。

(お戻りになったお客様に)良い1日でしたか？
좋은 하루 되셨나요?
チョウン ハル トゥェションナヨ？

「お帰りなさいませ」と伝えたい時の表現です。잘 다녀오셨습니까?(チャル タ
ニョオショッスムニッカ／無事に行ってこられましたか？)もよく使います。

チェックインは午後3時からです。

체크인은 오후 3시부터 가능합니다.

チェクイヌン オフ セシブト カヌンハムニダ

 時刻の表し方については、p.26を参照してください。

チェックインまでスーツケースをお預かりしましょうか？

체크인 시간까지 캐리어를 보관해 드릴까요?

チェクイン シガンカジ ケリオルル ポグァネ ドゥリルカヨ？

 「スーツケース」は韓国語では캐리어(ケリオ)です。また、캐리어를の部分を 짐을(チムル)とすると「荷物を」に言い換えられます。

チェックインはお済みですか？

체크인하셨습니까?

チェクインハショッスムニッカ？

パスポートのコピーを取らせていただいてもよろしい ですか？

여권을 복사해도 될까요?

ヨックォヌル ポクサヘド トゥェルカヨ？

 もし理由を求められた時は、法で義務化돼 있어요.（ポブロ ウィムファドゥェ イッソヨ／法律で義務付けられているので）のように言うと良いでしょう。

コートはこちらのクロークでお預かりいたします。

코트는 이쪽 외투실에서 보관해 드리겠습니다.

コトゥヌン イッチョク ウェトゥシルレソ ポグァネ ドゥリゲッスムニダ

 「クローク」は外套室（ウェトゥシル／外套室）または携帯品保管所（ヒュデプム ポグァンソ／携帯品保管所）と言います。

荷物はこちらの番号札でお預かりします。

짐은 이 번호표로 보관해 드리겠습니다.

チムン イ ポノピョロ ポグァネ ドゥリゲッスムニダ

ただ今、お部屋の最終確認をしております。

지금 방을 최종 점검 중입니다.

チグム パンウル チュェジョン チョムゴム ジュンイムニダ

お荷物をお持ちします。

짐을 가져다 드리겠습니다.

チムル カジョダ ドゥリゲッスムニダ

スーツケースを横にしてもよろしいですか？

캐리어를 눕혀도 될까요?

ケリオルル ヌピョド トゥェルカヨ？

お部屋にご案内します。
방으로 안내해 드리겠습니다.
パンウロ アンネヘ ドゥリゲッスムニダ

 「お部屋はこちらになります」であれば、이쪽이 방입니다.（イッチョギ パンイムニダ／こちらがお部屋です）でOKです。

こちらが1001号室の鍵です。
이게 1001호실 열쇠입니다.
イゲ チョンイロシル ヨルスェイムニダ

部屋番号の読み方

ホテルの部屋番号などは、漢数詞で表しますが（p.26参照）、電話番号のように数字を一つひとつ読むのではなく、百〜、千〜、という読み方をします。

例　103号室
○ 백삼 호실（ペク サモシル）
× 일공삼 호실（イルゴンサモシル）

例　1422号室
○ 천 사백 이십이 호실（チョン サベク イシビホシル）
× 일사이이 호실（イルサイイ ホシル）

また、「何号室のお客様ですか？」というようなときは、몇 호실 손님이십니까？（ミョトシル ソンニミシムニッカ？）となります。「何号室」の発音が少し難しいですね。注意しましょう。

フロント

ご不明な点がありましたら、フロントまでお電話ください。

궁금한 점이 있으시면 프런트로 전화 주세요.

クングマン ジョミ イッスシミョン プロントゥロ チョヌァ チュセヨ

 「フロント」は案内デスク(アンネ デスク／案内デスク)、ホテル カウンター(ホテル
カウント／ホテルカウンター)などとも表現できます。

お帰りが遅くなりそうでしたら、部屋の鍵を持ったまま
お出掛けください。

늦게 들어오실 때는 방 열쇠를 가지고 가 주세요.

ヌッケ トゥロオシル ッテヌン パン ヨルスェルル カジゴ カ ジュセヨ

お出掛けの際は、フロントで鍵をお預けください。

외출하실 때는 열쇠를 프런트에 맡겨 주세요.

ウェチュラシル ッテヌン ヨルスェルル プロントゥエ マッキョ ジュセヨ

お出掛けの際は、部屋の鍵はご自身で管理してください。

외출하실 때는 방 열쇠를 직접 관리해 주세요.

ウェチュラシル ッテヌン パン ヨルスェルル チクチョプ クァルリヘ ジュセヨ

(部屋に入る時に）鍵を回しながらドアを開けてください。

열쇠를 돌리면서 문을 여시면 됩니다.

ヨルスェルル トゥルリミョンソ ムヌル ヨシミョン トゥェムニダ

貴重品はご自身で管理してください。

귀중품은 직접 관리해 주세요.

クィジュンプムン チクチョプ クァルリヘ ジュセヨ

貴重品は金庫に入れてください。

귀중품은 금고에 넣어 주세요.

クィジュンプムン クムゴエ ノオ ジュセヨ

ご都合の良い時に、フロントにお立ち寄りください。

편하실 때 프런트로 와 주세요.

ピョナシル ッテ プロントゥロ ワ ジュセヨ

変圧器をお使いになりますか？

변압기 필요하세요?

ピョナプキ ピリョハセヨ？

すべての金額に、サービス料を別途10%申し受けます。

모든 금액에 봉사료 10%가 추가됩니다.

モドゥン クメゲ ポンサリョ シッポセントゥガ チュガドゥェムニダ

MP3
078

係の者がご案内いたします。

담당 직원이 안내해 드리겠습니다.

タムダン チグォニ アンネヘ ドゥリゲッスムニダ

自動販売機は各階にあります。

자판기는 각 층마다 있습니다.

チャパンギヌン カク チュンマダ イッスムニダ

自動販売機のご利用は午後9時までです。

자판기는 오후 9시까지만 이용 가능합니다.

チャパンギヌン オフ アホプシッカジマン イヨン カヌンハムニダ

館内は、バルコニーを含めて禁煙です。

발코니를 포함해서 건물 전체가 금연입니다.

バルコニルル ポハメソ コンムル チョンチェガ クミョニムニダ

ロビーでのルームスリッパのご利用はご遠慮ください。

로비에서 룸 슬리퍼를 신으시면 안 됩니다.

ロビエソ ルム スルリポルル シヌシミョン アン ドゥエムニダ

トイレでは備え付けのスリッパに履き替えてください。
화장실에서는 비치된 슬리퍼로 갈아신어 주세요.
ファジャンシレソヌン ピチドゥェン スルリポロ カラシノ ジュセヨ

 トイレに入る時はスリッパに履き替えることに気付かないお客様もいらっしゃ
いますので、このような表現で注意をうながします。

午後6時30分から2階で食事ができます。
오후 6시 30분부터 2층에서 식사하실 수 있습니다.
オフ ヨソッシ サムシップンブト イチュンエソ シクサハシル ス イッスムニダ

ジムとプールのご利用は別料金となります。
피트니스하고 풀장은 이용 요금이 별도입니다.
ピトゥニスハゴ プルジャンウン イヨン ヨグミ ピョルトイムニダ

 「ジム」にあたる韓国語は피트니스で、英語のfitnessに由来します。

Wi-Fiは全館でご利用いただけます。
Wi-Fi는 건물 전체에서 이용 가능합니다.
ワイパイヌン コンムル チョンチェエソ イヨン カヌンハムニダ

 「ロビーのみで利用可能」なら、Wi-Fi는 로비에서만 이용 가능합니다. (ワイパ
イヌン ロビエソマン イヨン カヌンハムニダ) です。

MP3 079

ホテル施設		
● ロビー	로비	ロビ
● フロント	프런트	プロントゥ
● 入り口	입구	イプク
● 浴室	욕실	ヨクシル
● 廊下	복도	ポクト
● 非常口	비상구	ピサング
● 非常階段	비상계단	ピサンゲダン
● 和室	일본식 방, 다다미방	イルボンシク パン、タダミバン
● 洋室	서양식 방	ソヤンシク パン
● エレベーター	엘리베이터	エルリベイト
● エスカレーター	에스컬레이터	エスコルレイト
● 宴会場	연회장	ヨヌェジャン
● 自動販売機	자판기	チャパンギ
● ラウンジ	라운지	ラウンジ
● サウナ	사우나	サウナ
● ジャグジー	자쿠지	ジャクジ
● 売店	매점	メジョム
● 製氷機	제빙기	チェビンギ
● フィットネスセンター	피트니스 센터	ピトゥニス セント
● 美容室	미용실	ミヨンシル
● 現金自動預払機	현금인출기, ATM	ヒョングミンチュルギ、エイティエム
● ギャラリー	갤러리	ゲルロリ
● 1泊2食付き	1박 두 끼 포함	イルバク トゥ ッキ ポハム
● 素泊まり	숙박 한정	スクパカンジョン
● 1泊2日	1박 2일	イルバク イイル
● 2泊3日	2박 3일	イバク サミル

朝食はビュッフェスタイルです。
아침 식사는 뷔페 스타일입니다.
アチム シクサヌン ブィペ スタイリムニダ

 「バイキング」は和製英語のため通じません。「ビュッフェ」という言葉を使い
ますが、韓国語では뷔페（ブィペ）と発音が少し違うので気を付けましょう。

間もなく朝食終了のお時間ですが、お代わりはよろしい
でしょうか？
아침 식사 시간이 곧 끝나는데 리필하시겠습니까?
アチム シクサ シガニ コッ ックンナヌンデ リピラシゲッスムニッカ？

お料理は午前10時にすべてお下げしますので、それま
でにお取りください。
오전 10시 이후로는 음식을 다 치우니까 그 전에
담아 가세요.
オジョン ヨルシ イフロヌン ウムシグル タ チウニッカ ク ジョネ タマ ガセヨ

電話（予約対応）

何名様でご宿泊でしょうか？

몇 분이서 묵으실 건가요?

ミョッ プニソ ムグシル コンガヨ？

いつから何泊のご宿泊ですか？

몇 월 며칠부터 몇 박 하실 건가요?

ミョドゥォル ミョチルブト ミョッ パカシル コンガヨ？

お部屋のご希望はございますか？

특별히 원하시는 방이 있으세요?

トゥクピョリ ウォナシヌン パンイ イッスセヨ？

洋室と和室どちらになさいますか？

서양식과 일본식 방이 있는데 어느 쪽으로 하시겠습니까?

ソヤンシックァ イルボンシク パンイ インヌンデ オヌ ッチョグロ ハシゲッスムニッカ？

 「和室」は、화실（ファシル／和室）、다다미방（タダミバン／畳部屋）とも表せます。

お部屋の空きがございます。

빈 방이 있습니다.

ピン バンイ イッスムニダ

 「空きがございません」は、빈 방이 없습니다.（ピン バンイ オプスムニダ）です。

お部屋をお取りしておきます。

방을 예약해 놓겠습니다.

パンウル イェヤケ ノケッスムニダ

1泊2食付きで、お一人あたり10,000円です。

1박에 식사 두 끼 포함해서 1인당 10,000엔입니다.

イルバゲ シクサ トゥ ッキ ポハメソ イリンダン マネニムニダ

朝食込みでございます。

조식이 포함돼 있습니다.

チョシギ ポハムドゥェ イッスムニダ

他に何か質問はございますか？

다른 질문 있으세요?

タルン チルムン イッスセヨ？

お客様のお越しを楽しみにしております。

방문을 기다리고 있겠습니다.

パンムヌル キダリゴ イッケッスムニダ

12月29日より3泊ご予約を承っております。

12월 29일부터 3박 예약하셨습니다.

シビウォル イシプクイルブト サムパク イェヤカショッスムニダ

종업원 : 전화 주셔서 감사합니다. 호텔 재팬입니다.

손님 : 예약하려고 하는데요.

종업원 : 네, 알겠습니다. 원하시는 방 타입하고 숙박 인원수를 알려 주시겠습니까?

손님 : 2인용 방으로 해 주세요.

종업원 : **몇 월 며칠부터 몇 박 하실 건가요?**

손님 : 5월 2일부터 3박이요.

종업원 : 침대는 트윈으로 해 드릴까요?

손님 : 네, 그리고 욕조가 딸린 방으로 하고 싶은데요.

종업원 : **1박에 식사 두 끼 포함해서 1인당 10,000엔입니다.**

손님 : 그럼, 그걸로 예약해 주세요.

종업원 : 알겠습니다. 성함이 어떻게 되세요?

손님 : 김한구요.

종업원 : 성함의 영문 철자가 어떻게 되나요?

손님 : K-I-M, H-A-N-G-O-O예요.

종업원 : 체크인은 3시부터 가능합니다.

손님 : Wi-Fi는 되나요?

종업원 : 네, 무료로 사용하실 수 있습니다.

손님 : 네, 감사합니다.

종업원 : 그럼, 5월 2일 **방문을 기다리고 있겠습니다.** 좋은 하루 되세요.

スタッフ：お電話ありがとうございます。ホテルジャパンでございます。
　　　客：予約がしたいのですが。
スタッフ：かしこまりました。**お部屋の種類のご希望と何名様のご宿泊か**をお知らせ
　　　　　いただけますか？
　　　客：2人用のお部屋をお願いします。
スタッフ：**いつから何泊のご宿泊ですか？**
　　　客：5月2日から3泊です。
スタッフ：お部屋はツインルームにいたしましょうか？
　　　客：お願いします。あと、バスタブ付きの部屋がいいのですが。
スタッフ：1泊2食付きで、お一人あたり10,000円です。
　　　客：では、それで予約をお願いします。
スタッフ：承知いたしました。**お名前を頂けますか？**
　　　客：キム・ハングです。
スタッフ：**お名前の英語のつづりをお願いします。**
　　　客：K-I-M, H-A-N-G-O-Oです。
スタッフ：**チェックインは3時からです。**
　　　客：Wi-Fiはありますか？
スタッフ：はい、無料です。
　　　客：はい、ありがとうございます。
スタッフ：5月2日にお待ち申し上げております。良い1日をお過ごしください。

※太字は本書に登場しているフレーズです。

電話（宿泊客向け）

フロントです。
프런트입니다.
プロントゥイムニダ

すぐに手配いたします。
바로 준비하겠습니다.
パロ チュンビハゲッスムニダ

すぐに伺います。
바로 찾아뵙겠습니다.
パロ チャジャブェプケッスムニダ

外線でキクノ様よりお電話が入っております。
외선으로 기쿠노 님한테서 전화가 왔습니다.
ウェソヌロ キクノ ニマンテソ チョヌァガ ワッスムニダ

 名前を呼ぶ際は、男女とも名前の後ろに님（ニム／〜様）を付けます。

オオバ様からご伝言がございました。
오바 님께서 메시지를 남기셨습니다.
オバ ニムケソ メシジルル ナムギショッスムニダ

 日本語の長音はハングル表記では省略することを原則とするため、「オオバ」の表記は오바（オバ）となります。

ただ今、担当の者に代わります。
지금 담당자를 바꿔 드리겠습니다.
チグム タムダンジャルル パックォ ドゥリゲッスムニダ

客室アメニティ・備品		MP3 084
● ドライヤー	드라이기	ドゥライギ
● 歯ブラシ	칫솔	チッソル
● 歯磨き粉	치약	チヤク
● かみそり	면도기	ミョンドギ
● トイレットペーパー	화장지	ファジャンジ
● 冷蔵庫	냉장고	ネンジャンゴ
● テレビ	텔레비전	テルレビジョン
● 電気ポット	전기포트	チョンギポトゥ
● 灰皿	재떨이	チェットリ
● ゴミ箱	쓰레기통	ッスレギトン
● 金庫	금고	クムゴ
● コンセント	콘센트	コンセントゥ
● リモコン	리모컨	リモコン
● ハンガー	옷걸이	オッコリ
● ベッド	침대	チムデ
● トイレ	화장실	ファジャンシル
● 目覚まし時計	알람시계	アルラムシゲ
● アイロン	다리미	タリミ
● アイロン台	다리미판	タリミパン
● エアコン	에어컨	エオコン
● 栓抜き	병따개	ピョンタゲ
● (お湯の入った)ポット	보온포트	ポオンポトゥ

4 宿泊・レジャー・美容業

入浴

使用済みタオルは、脱衣所内の所定ボックスにお入れください。

사용하신 수건은 탈의실 내에 있는 전용 박스에 넣어 주세요.

サヨンハシン スゴヌン タリシル ネエ インヌン チョニョン パクスエ ノオ ジュセヨ

湯船にタオルを浸けないようにしてください。

욕조에 수건을 담그지 마세요.

ヨクチョエ スゴヌル タムグジ マセヨ

湯船には体をすすいでからお入りください。

욕조에 들어가실 때는 몸을 가볍게 씻어 주세요.

ヨクチョエ トゥロガシル ッテヌン モムル カビョプケ ッシソ ジュセヨ

 海外のお客様の中には、日本の入浴マナーを知らない方も多くいらっしゃいます。事前にお伝えしておくと良いでしょう。

湯船では泳がないようにしてください。

욕조에서 수영하시면 안 됩니다.

ヨクチョエソ スヨンハシミョン アン ドゥェムニダ

 浴槽で泳いでいるお客様を発見したら、やさしくお伝えしましょう。

服はすべてお脱ぎください。

옷은 다 벗어 주세요.

オスン タ ポソ ジュセヨ

水着の着用はご遠慮ください。

수영복 착용은 안 됩니다.

スヨンボク チャギョンウン アン ドゥェムニダ

床が滑りやすいのでご注意ください。

바닥이 미끄러우니까 조심하세요.

パダギ ミックロウニッカ チョシマセヨ

浴場は男女別になっております。

욕탕은 남녀 따로따로 돼 있습니다.

ヨクタンウン ナムニョ ッタロッタロ トゥェ イッスムニダ

 「浴場は混浴です」は욕탕은 혼욕탕입니다.(ヨクタンウン ホニョクタンイムニダ) です。

貸し切りでご利用いただけます。

전체를 빌려서 이용하실 수 있습니다.

チョンチェルル ピルリョソ イヨンハシル ス イッスムニダ

タオルは別料金です。

수건은 별도 요금이 발생합니다.

スゴヌン ピョルト ヨグミ パルセンハムニダ

韓国人のお風呂文化と浴衣

日本人がおおむね入浴が好きなように、韓国人も入浴が好きです。でも、その楽しみ方、入浴の方法には少し違いがあるようです。

たいていの韓国人は、日常的にはシャワーで済ませることが多いです。湯船に浸かるのは、チムジルバン（健康ランド）などに行くとき、という人がほとんど。チムジルバンでは、湯船につかるのはもちろんのこと、垢すりで垢を落としたり、低温サウナでじっくり汗を流したり、テレビを見たりゲームをしたりして、ゆっくり過ごします。

そんなお風呂文化を持つ韓国人ですから、日本の温泉やスーパー銭湯を楽しみに来日する韓国人も少なくありません。日本の温泉やスーパー銭湯の人気の理由には、施設によっては館内でバラエティー豊かな日本式の浴衣を着られることにもあるようです。

韓国人のお客様に限らず、外国からのお客さんは一般的に、浴衣を「KIMONO（着物）」と言うことが多いようです。기모노 같지만 좀 다르고 여름이나 목욕후에 입는 거예요. （キモノ カッチマン チョム タルゴ ヨルミナ モギョク フエイ ムヌン ゴエヨ／着物のようですがちょっと違いまして、夏やお風呂の後に着るものです）などと、韓国語で簡単に説明できると良いでしょう。

また、お国柄はファッションや化粧でわかる部分も大きいので、お風呂場では韓国人と日本人はほとんど区別がつきません。しかしあるとき、ちょっとした違いに気づきました。日本人はタオルなどでさりげなく体を隠したりするのですが、韓国人はどうも隠したりしないようです。慎ましさを美徳と感じる日本人、大らかでオープンさが魅力の韓国人の違いとも言えそうです。

お部屋の掃除にまいりました。

방 청소하러 왔습니다.

パン チョンソハロ ワッスムニダ

 방 청소를 해 드려도 될까요?(パン チョンソルル ヘ ドゥリョド トゥェルカヨ／
お部屋の掃除をしてもよろしいですか？)という言い方もあります。

私どもは、規則で鍵を開けられないことになっています。

저희는 규칙상 문을 열 수 없게 돼 있습니다.

チョイヌン キュチクサン ムヌル ヨル ス オプケ トゥェ イッスムニダ

いつ頃お掃除いたしましょうか？

언제쯤 청소를 해 드리면 될까요?

オンジェッチュム チョンソルル ヘ ドゥリミョン トゥェルカヨ？

本日のお部屋のお掃除はどうなさいますか？

오늘 방 청소는 어떻게 할까요?

オヌル パン チョンソヌン オットケ ハルカヨ？

お掃除不要の場合は、ドアノブへこの札を掛けておいて
ください。

청소를 원하지 않을 경우에는 문고리에 이 카드를
걸어 주세요.

チョンソルル ウォナジ アヌル キョンウエヌン ムンコリエ イ カドゥルル コロ ジュセヨ

クレームに対応する

お客様のおっしゃる通りです。

손님 말씀이 맞습니다.

ソンニム マルスミ マッスムニダ

お部屋を変えさせていただきます。

방을 바꿔 드리겠습니다.

パンウル パックォ ドゥリゲッスムニダ

ご希望にお応えできず申し訳ございません。

요구를 들어 드리지 못해서 죄송합니다.

ヨグルル トゥロ ドゥリジ モテソ チュェソンハムニダ

すべてのお客様に、こうした対応をさせていただいて
おります。

모든 손님들께 이렇게 해 드리고 있습니다.

モドゥン ソンニムドゥルケ イロケ ヘ ドゥリゴ イッスムニダ

担当の職員を厳重注意します。

담당 직원한테 엄중히 주의를 주겠습니다.

タムダン チグォナンテ オムジュンイ チュイルル チュゲッスムニダ

190

ご意見を今後の参考にさせていただきます。

주신 의견을 앞으로 참고하도록 하겠습니다.

チュシン ウィギョヌル アプロ チャムゴハドロク ハゲッスムニダ

今後このようなことがないよう留意いたします。

앞으로는 이런 일이 없도록 유의하겠습니다.

アプロヌン イロンニリ オプトロク ユイハゲッスムニダ

恐れ入りますが、これが私どものベストです。

죄송하지만 이게 저희들이 할 수 있는 최선의
방법입니다.

チュェソンハジマン イゲ チョイドゥリ ハル ス インヌン チュェソネ パンボビムニダ

 죄송하지만は「恐れ入りますが」「申し訳ございませんが」の意味です。

ご理解・ご協力をお願い申し上げます。

이해와 협조 부탁드립니다.

イヘワ ヒョプチョ プタクトゥリムニダ

チェックアウト

チェックアウトですか？
체크아웃하실 겁니까?
チェクアウタシル コムニッカ？

チェックアウトは正午までにお願いします。
체크아웃은 정오까지 해 주세요.
チェクアウスン チョンオッカジ へ ジュセヨ

 「正午」は낮 12시 (ナッ ヨルトゥシ／昼の12時)と言い換えられます。

お忘れ物はございませんか？
두고 오신 물건은 없으세요?
トゥゴ オシン ムルゴヌン オプスセヨ？

ご満足いただけましたか？
만족스러우셨습니까?
マンジョクスロウショッスムニッカ？

お部屋はいかがでしたか？
방은 어떠셨습니까?
パンウン オットショッスムニッカ？

よろしければこのアンケートにお答えください。

괜찮으시다면 이 설문에 답해 주세요.

クェンチャヌシダミョン イ ソルムネ タペ ジュセヨ

 「アンケート」は앙케이트(アンケイトゥ／アンケート)とも言います。

スーツケースを玄関までお持ちします。

캐리어를 현관까지 옮겨다 드리겠습니다.

ケリオルル ヒョングァンカジ オムギョダ ドゥリゲッスムニダ

シャトルバスは20分に1本出ます。

셔틀버스는 20분에 한 대씩 출발합니다.

ショトゥルボスヌン イシップネ ハン デッシク チュルバラムニダ

チェックアウトの延長は1時間につき1,000円です。

체크아웃 연장은 1시간당 1,000엔입니다.

チェクアウッ ヨンジャンウン ハンシガンダン チョネニムニダ

写真を撮る

写真をお撮りしましょうか？
사진 찍어 드릴까요?
サジン ッチゴ ドゥリルカヨ？

少し内側に寄ってください。
조금 더 안쪽으로 들어가 주세요.
チョグム ト アンチョグロ トゥロガ ジュセヨ

全員入らないので、詰めてください。
다 안 나오니까 안쪽으로 좀 들어가 주세요.
タ アン ナオニッカ アンチョグロ チョム トゥロガ ジュセヨ

中腰になってください。
자세를 좀 낮춰 주세요.
チャセルル チョム ナッチュォ ジュセヨ

フラッシュを使ってもいいですか？
플래시를 사용해도 되나요?
プルレシルル サヨンヘド トゥェナヨ？

はい、チーズ。
자, 치즈!
チャ、チジュ

 「チーズ」の代わりに김치(キムチ)も良く使います。웃으세요.(ウスセヨ／笑ってください)でもOKです。

イチ、ニ、サンで撮ります。イチ、ニ、サン。
하나, 둘, 셋 하면 찍을게요. 하나, 둘, 셋!
ハナ、トゥル、セッタミョン ッチグルケヨ ハナ、トゥル、セッ

 셋(セッ)を言うタイミングでシャッターを切ります。

目をつぶりましたよ。
눈을 감으셨네요.
ヌヌル カムショッンネヨ

写真を確かめてもらえますか？
사진 확인해 보시겠어요?
サジン ファギネ ボシゲッソヨ？

ぶれてしまったので、もう1枚撮りますね。
흔들려서 한 장 더 찍겠습니다.
フンドゥルリョソ ハン ジャント ッチッケッスムニダ

 「もう1枚撮ってもいいですか？」なら한 장 더 찍어도 될까요?(ハン ジャント ッ チゴド トゥェルカヨ？)です。

動かないでください。
움직이지 마세요.
ウムジギジ マセヨ

写真撮影

MP3
090

パターン①

직원 : **사진 찍어 드릴까요?**

손님 : 네, 부탁드릴게요. 이거 iPhone(아이폰)인데요.

직원 : 이 버튼만 누르면 되나요?

손님 : 네, 맞아요.

직원 : **조금 더 안쪽으로 들어가 주세요.**

손님 : 이렇게요?

직원 : 좋아요. **자, 치즈!**

손님 : 치즈! 감사합니다.

직원 : 아니에요.

職員：写真をお撮りしましょうか？
　客：はい、お願いします。これiPhoneです。
職員：ここのボタンを押すだけですか？
　客：そうです。
職員：もう少し内側に寄ってください。
　客：こんな感じですか？
職員：いいですね。はい、チーズ！
　客：チーズ！　ありがとうございます。
職員：どういたしまして。

パターン②

손님 : 사진 좀 찍어 주시겠어요?

직원 : 네, 물론이죠.

손님 : 셔터를 반쯤 눌러서 초점을 맞춘 다음에 완전히 누르시면 돼요.

직원 : 여러분, **안쪽으로 좀 들어가 주세요.** 앞에 계신 분들은 **자세를 좀 낮춰 주세요. 하나, 둘, 셋 하면 찍을게요. 하나, 둘, 셋! 사진 확인해 보시겠어요?**

손님 : 잘 나왔네요. 감사합니다.

客 : 写真を撮ってくれませんか？
職員 : もちろん、いいですよ。
客 : 半押しで焦点を定めて、それから全押ししてください。
職員 : 皆さん、もう少し内側に詰めてください。前の人は中腰に。イチ、二、サンで撮りますよ。イチ、二、サン。写真を確認してもらえますか？
客 : よく撮れていますね。ありがとうございます。

※太字は本書に登場しているフレーズです。

MP3
092

代表の方のサインをお願いします。

대표분이 사인해 주세요.

テピョブニ サイネ ジュセヨ

こちらの免責同意書にご記入ください。

이 면책동의서에 기입해 주세요.

イ ミョンチェクトンイソエ キイペ ジュセヨ

キャンセルや払い戻しはできません。

취소나 환불은 안 됩니다.

チュィソナ ファンブルン アン ドゥェムニダ

ツアーには動きやすい／暖かい服装でご参加ください。

투어에는 움직이기 편한 / 따뜻한 복장으로 참가해 주세요.

トゥオエヌン ウムジギギ ピョナン／ッタットゥタン ポクチャンウロ チャムガヘ ジュセヨ

ハイヒール、スカートではツアーにはご参加いただけません。

하이힐, 치마로는 투어에 참가하실 수 없습니다.

ハイヒル、チマロヌン トゥオエ チャムガハシル ス オプスムニダ

別料金で用具のレンタルがございます。

별도 요금으로 도구를 대여할 수 있습니다.

ピョルト ヨグムロ トグルル テヨハル ス イッスムニダ

虫よけスプレーのご準備をおすすめします。

벌레 스프레이를 준비하시는 게 좋아요.

ポルレ スプレイルル チュンビハシヌン ゲ チョアヨ

お手洗いを済ませておくことをおすすめします。

화장실에 미리 갔다오시는 게 좋아요.

ファジャンシレ ミリ カッタオシヌン ゲ チョアヨ

酔い止めのご準備をおすすめします。

멀미약을 준비하시는 게 좋아요.

モルミヤグル チュンビハシヌン ゲ チョアヨ

ツアー開始の10分前にこちらに集合してください。

투어 시작 10분 전까지 여기로 모여 주세요.

トゥオ シジャク シップン ジョンカジ ヨギロ モヨ ジュセヨ

ツアーに参加される方は、こちらにお集まりください。

투어 참가자분들은 이쪽으로 모여 주세요.

トゥオ チャムガジャブンドゥルン イッチョグロ モヨ ジュセヨ

はぐれないように私の後をついてきてください。

놓치지 않게 제 뒤를 잘 따라오세요.

ノッチジ アンケ チェ トゥィルル チャル ッタラオセヨ

 旗を持っていれば、제가 들고 있는 깃발을 놓치지 마세요.(チェガ トゥルゴ インヌン キッパルル ノッチジ マセヨ／私の持っている旗を見失わないようにしてください)と言っても良いでしょう。

トイレに行きたくなったら教えてください。

화장실에 가고 싶으면 말씀해 주세요.

ファジャンシレ カゴ シプミョン マルスメ ジュセヨ

体調が悪くなったら教えてください。

몸에 이상이 생기시면 말씀해 주세요.

モメ イサンイ センギシミョン マルスメ ジュセヨ

出発時間は2時30分です。それまでにバスにお戻りください。

2시 30분 출발입니다. 그때까지 버스로 돌아와 주세요.

トゥシ サムシップン チュルバリムニダ。クッテッカジ ボスロ トラワ ジュセヨ

ツアー		
● 半日ツアー	반나절 투어	パンナジョル トゥオ
● 1日ツアー	일일 투어	イリル トゥオ
● 集合場所	집합 장소	チパプ チャンソ
● 目的地	목적지	モクチョクチ
● 送迎サービス	픽업 서비스	ピゴプ ソビス
● 神社	신사	シンサ
● 寺院	절, 사원	チョル、サウォン
● 庭園	정원	チョンウォン
● 港	항구	ハング
● 海岸	해안	ヘアン
● 人力車	인력거	イルリョッコ
● 動物園	동물원	トンムルォン
● 遊園地	유원지	ユウォンジ
● 水族館	수족관	スジョックァン
● 美術館	미술관	ミスルグァン
● 博物館	박물관	パンムルグァン
● 朝市	아침시장	アチムシジャン
● 地元工芸品	지역 공예품	チヨク コンイェプム
● 予想所要時間	예상 소요시간	イェサン ソヨシガン
● 食事	식사	シクサ
● 料金	요금	ヨグム
● 世界遺産	세계 유산	セゲ ユサン
● 参加者	참가자	チャムガジャ
● 通訳ガイド	통역 가이드	トンヨク ガイドゥ

4 宿泊・レジャー・美容業

乗車時間は10分です。

탑승시간은 10분입니다.

タプスンシガヌン シップニムニダ

 遊園地の乗り物に「乗車」する場合は、탑승(タプスン/搭乗)を使います。

定員は6名です。

정원은 여섯 명입니다.

チョンウォヌン ヨソッミョンイムニダ

安全ベルトをお締めください。

안전벨트를 매 주세요.

アンジョンベルトゥルル メ ジュセヨ

安全バーで固定してください。

안전바로 고정해 주세요.

アンジョンバロ コジョンヘ ジュセヨ

アトラクションの復旧には30分かかります。

놀이기구를 복구하는 데 30분 걸려요.

ノリギグルル ポックハヌン デ サムシップン コルリョヨ

乗車される方の人数分のチケットが必要です。
탑승 인원수만큼 티켓이 필요해요.
タプスン イヌォンスマンクム ティケシ ピリョヘヨ

こちらの乗り物は、午後5時で受付終了です。
이 놀이기구는 오후 5시에 접수가 끝나요.
イ ノリギグヌン オフ タソッシエ チョプスガ ックンナヨ

3歳以下のお子様には、大人の付き添いが必要です。
3세 이하의 유아는 어른이 동반해야 합니다.
サムセ イハエ ユアヌン オルニ トンバネヤ ハムニダ

身長120センチ未満のお子様はご乗車になれません。
키 120센티 미만인 어린이는 탑승할 수 없습니다.
キ ペギシプセンティ ミマニン オリニヌン タプスンハル ス オプスムニダ

申し訳ありませんが、安全規定に満たないためご乗車
になれません。
죄송하지만 안전기준 미달로 탑승할 수 없습니다.
チュェソンハジマン アンジョンギジュン ミダルロ タプスンハル ス オプスムニダ

こちらで身長を測らせていただけますか？

여기서 키를 재 봐도 될까요?

ヨギソ キルル チェ ブァド トゥェルカヨ？

天井が低くなっているのでご注意ください。

천장이 낮으니까 조심하세요.

チョンジャンイ ナジュニッカ チョシマセヨ

安全上の理由のため、ポケットの中身をすべて出してください。

안전 문제 때문에 주머니에 있는 물건을 다 빼 주셔야 해요.

アンジョン ムンジェ ッテムネ チュモニエ インヌン ムルゴヌル タ ッペ ジュショヤ ヘヨ

貴重品はロッカーに入れて、鍵を掛けてください。

귀중품은 물품보관함에 넣고 열쇠로 잠가 주세요.

クィジュンプムン ムルプムボグァナメ ノコ ヨルスェロ チャムガ ジュセヨ

コインは後で戻ってきます。

동전은 나중에 반환됩니다.

トンジョヌン ナジュンエ パヌァンドゥェムニダ

乗り物から手や顔を出さないようにしてください。

놀이기구 밖으로 손이나 얼굴을 내밀지 마세요.

ノリギグ パックロ ソニナ オルグルル ネミルジ マセヨ

韓国語のパンフレットです。
한국어 팸플릿이에요.
ハングゴ ペムプルリシエヨ

韓国語ツアーは午後3時に始まります。
한국어 투어는 오후 3시부터 시작됩니다.
ハングゴ トゥオヌン オフ セシブト シジャクトゥェムニダ

韓国語の音声ガイドをお使いになりますか？
한국어 음성 가이드를 사용하시겠습니까?
ハングゴ ウムソン ガイドゥルル サヨンハシゲッスムニッカ？

どちらの席をご希望ですか？
자리는 어느 쪽으로 해 드릴까요?
チャリヌン オヌ ッチョグロ ヘ ドゥリルカヨ？

飲食は、決められた場所でお願いいたします。
음식물은 지정된 곳에서만 드세요.
ウムシンムルン チジョンドゥェン ゴセソマン トゥセヨ

美術館・博物館・劇場

● 常設展	상설전	サンソルジョン
● 特別展	특별전	トゥクピョルジョン
● 屋外展示	야외 전시	ヤウェ チョンシ
● 寄付・寄贈	기부·기증	キブ／キジュン
● 考古	고고	コゴ
● 彫刻	조각	チョガク
● 絵画	그림	クリム
● 書	서예	ソイェ
● 武具	갑옷	カボッ
● 陶磁	도자기 공예	トジャギ コンイェ
● 漆工	옻칠 공예	オッチル コンイェ
● 染織	염직	ヨムジク
● 工芸	공예	コンイェ
● 民芸	민예	ミニェ
● 国宝	국보	ククポ
● 展示中	전시 중	チョンシ ジュン
● 一般向けプログラム	일반용 프로그램	イルバンニョン プログレム
● 有効な学生証	유효한 학생증	ユヒョハン ハクセンチュン
● 指定席	지정석	チジョンソク
● 自由席	자유석	チャユソク
● ベビーカー	유모차	ユモチャ
● 授乳室	수유실	スユシル
● 車いす	휠체어※	フィルチェオ
● おむつ交換台	기저귀 교환대	キジョグィ キョファンデ
● 多目的トイレ	다목적 화장실	タモクチョク ファジャンシル

※휠체어：英語のwheel chairに由来

入場料は1,000円です。
입장료는 1,000엔입니다.
イプチャンニョヌン チョネニムニダ

チケットは何名様分必要ですか？
티켓은 몇 장 필요하세요?
ティケスン ミョッ チャン ピリョハセヨ？

このチケットでは入れません。
이 티켓으로는 들어가실 수 없습니다.
イ ティケスロヌン トゥロガシル ス オプスムニダ

乗車券は別途ご購入ください。
탑승권을 따로 구입해 주세요.
タプスンクォヌル ッタロ クイペ ジュセヨ

整理券を配布します。
정리권을 나눠 드리겠습니다.
チョンニックォヌル ナヌォ ドゥリゲッスムニダ

④
宿泊・レジャー・美容業

事例4 エステ・マッサージ店

本日は、私が担当させていただきます。
제가 오늘 담당입니다.

チェガ オヌル タムダンイムニダ

 담당자 하세가와 미치코입니다.(タムダンジャ ハセガワ ミチコイムニダ／担当者の長谷川美知子です)のように、名前とともに伝える言い方もあります。

どのコースになさいますか？
어떤 코스로 하시겠습니까?

オットン コスロ ハシゲッスムニッカ？

こちらにお着替えください。
이걸로 갈아입으세요.

イゴルロ カライブセヨ

あおむけになってください。
천장을 보고 누우세요.

チョンジャンウル ポゴ ヌウセヨ

 韓国語文の直訳は「天井を見て横になってください」です。

うつぶせになってください。
엎드리세요.

オプトゥリセヨ

体のどこがつらいですか？

몸 어디가 불편하세요?

モム オディガ プルピョナセヨ？

特に凝っているところはございますか？

특별히 뭉친 데가 있으세요?

トゥクピョリ ムンチン デガ イッスセヨ？

痛くありませんか？

아프지 않으세요?

アプジ アヌセヨ？

 力加減を尋ねる時の表現です。もう少し強くしてほしいお客様は、좀 더 세게 해 주세요.(チョム ド セゲ ヘ ジュセヨ)のように答えるはずです。また、もう少し弱くしてほしいお客様は、좀 더 약하게 해 주세요.(チョム ド ヤカゲ ヘ ジュセヨ)などと言うでしょう。

ケガはありますか？

다친 데가 있으세요?

タチン デガ イッスセヨ？

触られたくないところはありますか？

피했으면 하는 데가 있으세요?

ピヘッスミョン ハヌン デガ イッスセヨ？

物足りないところはありますか？

마사지가 덜 된 부분이 있으세요?

マサジガ トゥ トゥェン ププニ イッスセヨ？

(パック時などに)ゆっくりお休みください。

편하게 쉬세요.

ピョナゲ スィセヨ

クリームを塗ります。

크림 바르겠습니다.

クリム パルゲッスムニダ

膝を曲げてください。

무릎을 굽혀 주세요.

ムルプ クピョ ジュセヨ

膝を伸ばしてください。

무릎을 펴 주세요.

ムルプ ピョ ジュセヨ

お疲れさまでした。

수고하셨습니다.

スゴハショッスムニダ

エステ・マッサージ店

● 更衣室	탈의실	タリシル
● 体を起こす	몸을 일으키다	モムル イルキダ
● 腕を<u>上げる</u>／<u>下げる</u>	팔을 <u>올리다</u> / <u>내리다</u>	パルル <u>オルリダ</u>／<u>ネリダ</u>
● 体を拭く	몸을 닦다	モムル タクタ
● 痛い	아프다	アプダ
● もっと<u>強く</u>／<u>弱く</u>	더 <u>세게</u> / <u>약하게</u>	ト <u>セゲ</u>／<u>ヤカゲ</u>
● <u>上</u>／<u>下半身</u>	<u>상</u> / <u>하반신</u>	<u>サン</u>／<u>ハバンシン</u>
● 強さ加減	세기, 강도	セギ、カンド
● つぼ	혈점, 혈자리	ヒョルチョム、ヒョルチャリ
● むくみ	부기	プギ
● 凝り	뭉침, 결림	ムンチム、キョルリム
● 老廃物	노폐물	ノペムル
● 脱毛	탈모	タルモ
● 美顔エステ	페이셜 마사지	ペイショル マサジ
● 痩身エステ	슬리밍 마사지	スルリミン マサジ
● ハーブティー	허브티	ホブティ
● カルテ	진료기록	チルリョギロク
● 持病	지병	チビョン
● 貴重品	귀중품	クィジュンプム

❹ 宿泊・レジャー・美容業

MP3
100

韓国語の雑誌をお持ちしましょうか？
한국어 잡지를 가지고 올까요?
ハングゴ チャプチルル カジゴ オルカヨ？

 韓国語の雑誌がない場合は、한국어の部分を取ります。

今日はどのようになさいますか？
어떻게 해 드릴까요?
オットケ ヘ ドゥリルカヨ？

スタイリストのご指名はございますか？
스타일리스트를 지명하시겠습니까?
スタイルリストゥルル チミョンハシゲッスムニッカ？

ヘアカタログからお選びください。
헤어 카탈로그에서 선택해 주세요.
ヘオ カタルログエソ ソンテケ ジュセヨ

椅子を倒します。
의자를 눕힐게요.
ウィジャルル ヌピルケヨ

椅子を起こします。
의자를 일으킬게요.
ウィジャルル イルキルケヨ

シャンプー台に移動してください。
샴푸대로 이동해 주세요.
シャムプデロ イドンヘ ジュセヨ

(シャンプー時に)首の位置は大丈夫ですか？
목 위치는 괜찮으세요?
モク ウィチヌン クェンチャヌセヨ？

 불편하지 않으세요?(プルピョナジ アヌセヨ／ご不便ではありませんか？)と
聞くこともできます。

湯加減はいかがですか？
물 온도는 어떠세요?
ムル オンドヌン オットセヨ？

かゆいところはありますか？
가려운 데는 없으세요?
カリョウン デヌン オプスセヨ？

洗い足りない部分はありますか？
덜 씻긴 데가 있으세요?
トル ッシッキン デガ イッスセヨ？

どのくらい切りましょうか？

어느 정도 자를까요?

オヌ チョンド チャルルカヨ？

もう少し軽くしますか？

숱을 좀 더 칠까요?

ストゥル チョム ド チルカヨ？

分け目はどうなさいますか？

가르마는 어떻게 할까요?

カルマヌン オットケ ハルカヨ？

後ろはこんな感じです。

뒤쪽은 이런 느낌이에요.

トゥィッチョグン イロン ヌッキミエヨ

 「こんな感じでいかがですか？」と聞きたい場合は、어떠세요?(オッテセヨ)
と言うと良いでしょう。

これまでにカラーリングでトラブルはありましたか？

염색 때문에 트러블 생긴 적 있으세요?

ヨムセク ッテムネ トゥロブル センギン チョク イッスセヨ？

根元だけお染めしますか？

뿌리만 염색하시겠어요?

ップリマン ヨムセカシゲッソヨ？

毛先まですべてお染めしますか？

전체 다 염색하시겠어요?

チョンチェ タ ヨムセカシゲッソヨ？

カラーリング中に「薬は頭皮にしみていませんよね？」と確認したい場合には、
약이 두피에 스며든 건 아니죠?(ヤギ トゥピエ スミョドゥン ゴン アニジョ？)
と言います。

整髪料を付けますか？

스타일링 제품을 발라 드릴까요?

スタイルリン チェプムル パルラ ドゥリルカヨ？

仕上げに巻きましょうか？

마지막에 머리를 말아 드릴까요?

マジマゲ モリルル マラ ドゥリルカヨ？

美容院

● 前髪	앞머리	アムモリ
● もみあげ	귀밑털	クィミットル
● 襟足	목덜미	モクトルミ
● つむじ	가마	カマ
● 白髪	흰머리	ヒンモリ
● 眉毛	눈썹	ヌンソプ
● 枝毛	끝이 갈라진 모발	ックチ カルラジン モバル
● 髪型	머리모양, 헤어스타일	モリモヤン、ヘオスタイル
● そろえる	다듬다	タドゥムタ
● 5センチ切る	5센티 자르다	オセンティ チャルダ
● このくらいの長さに	이 정도 길이로	イ ジョンド キリロ
● 傷んだ部分	상한 부분	サンハン ププン
● ブロー	드라이	ドゥライ
● 毛先	머리끝	モリックッ
● 根元	뿌리	ップリ
● すく	숱을 치다	ストゥル チダ
● 緩いパーマ	굵은 파마	クルグン パマ
● きついパーマ	강한 파마	カンハン パマ
● ストレートパーマ	스트레이트 파마	ストゥレイトゥ パマ
● ポイント（部分）パーマ	부분 파마	ププン パマ

216

第 5 章

備えあれば憂いなし
医療業 &
病気・トラブル
の際のフレーズ

病気・ケガなどの対応に当たる際に
役立つ表現や、迷子・盗難といった
トラブル時に必要な表現です。

^{ばんそうこう}
絆創膏をお持ちします。
반창고를 가지고 올게요.
パンチャンゴルル カジゴ オルケヨ

 「絆創膏」を表す単語として、韓国内で販売量の最も多い会社の商標である대
일밴드（テイルベンドゥ）も良く使われます。

大丈夫ですか？
괜찮으세요?
クェンチャヌセヨ？

ご気分が悪いのですか？
몸이 안 좋으세요?
モミ アン ジョウセヨ？

ソファまで歩けますか？
소파까지 걸으실 수 있겠어요?
ソパッカジ コルシル ス イッケッソヨ？

あちらに座りませんか？
저쪽으로 앉으시겠어요?
チョッチョグロ アンジュシゲッソヨ？

お水をお持ちしましょうか？

물을 갖다 드릴까요?

ムルル カッタ ドゥリルカヨ？

ここで安静にしていてください。

여기서 안정을 좀 취하세요.

ヨギソ アンジョンウル チョム チュィハセヨ

お医者さんを呼びます。

의사를 부를게요.

ウィサルル プルルケヨ

救急車を呼びましょうか？

구급차를 부를까요?

クグプチャルル プルルカヨ？

110番しましょうか？／119番しましょうか？

경찰에 신고할까요? / 119를 부를까요?

キョンチャレ シンゴハルカヨ？／イルイルグルル プルルカヨ？

 韓国では警察(경찰)の緊急番号は112、救急・消防の緊急番号は119です。119は通じますが、110は韓国人には伝わらないと思って良いでしょう。なお、日本では119番(ひゃくじゅうきゅうばん)と読みますが、韓国では「番」をつけずに、일일구(イルイルグ／いちいちきゅう)と数字を1ケタずつ順に読みます。

病院・クリニック

この病院は初めてですか？
저희 병원은 처음이세요?
チョイ ピョンウォヌン チョウミセヨ？

保険証をお持ちですか？
보험증 가지고 오셨어요?
ポホムチュン カジゴ オショッソヨ？

 日本に所定期間以上滞在する外国人は、日本の国民健康保険などに加入することが義務付けられています。

保険証をお持ちでないと全額自費になります。
보험증이 없으면 전액 본인이 부담하셔야 합니다.
ポホムチュンイ オプスミョン チョネク ポニニ プダマショヤ ハムニダ

 韓国語文の直訳は「保険証がないと、全額本人が負担なさらなければなりません」です。

問診票に記入してください。
문진표를 작성해 주세요.
ムンジンピョルル チャクソンヘ ジュセヨ

名前を呼ばれるまで、待合室でお待ちください。
성함을 부를 때까지 대합실에서 기다려 주세요.
ソンハムル プルル ッテッカジ テハプシレソ キダリョ ジュセヨ

今日はどうされましたか?
어디가 불편해서 오셨나요?
オディガ プルピョネソ オションナヨ?

 韓国語文の直訳は「どこが調子が悪くていらっしゃいましたか?」です。

どのくらいの期間、その症状がありますか?
증상이 얼마나 계속됐나요?
チュンサンイ オルマナ ケソクトゥェンナヨ?

本日の診察料は2,000円になります。
오늘 진찰료는 2,000엔입니다.
オヌル チンチャルリョヌン イチョネニムニダ

この処方箋を薬局に提出してください。
이 처방전을 약국에 제출해 주세요.
イ チョバンジョヌル ヤックゲ チェチュレ ジュセヨ

お大事にどうぞ。
몸조리 잘하세요.
モムジョリ チャラセヨ

再診の予約をいたしましょうか？

다음 진료일을 예약해 드릴까요?

タウム チルリョイルル イェヤケ ドゥリルカヨ？

病院の科		MP3 104
● 総合案内	종합 안내 데스크	チョンハプ アンネ デスク
● 外来受付	외래 접수처	ウェレ チョプスチョ
● 内科	내과	ネックァ
● 外科	외과	ウェックァ
● 整形外科	정형외과	チョンヒョンウェックァ
● 眼科	안과	アンクァ
● 耳鼻咽喉科	이비인후과	イビイヌックァ
● 皮膚科	피부과	ピブックァ
● 呼吸器科	호흡기과	ホフプキックァ
● 循環器科	순환기과	スヌァンギックァ
● 消化器科	소화기과	ソファギックァ
● 泌尿器科	비뇨기과	ピニョギックァ
● 産婦人科	산부인과	サンブインクァ
● 精神科	정신과	チョンシンクァ
● 小児科	소아과	ソアックァ
● 放射線科	방사선과	パンサソンクァ
● 歯科	치과	チックァ
● 入院受付	입원 접수처	イブォン チョプスチョ
● 処置室	치료실	チリョシル
● 薬局	약국	ヤックク

症状を教えてくださいますか？

증상을 말씀해 주시겠습니까?

チュンサンウル マルスメ ジュシゲッスムニッカ？

この薬は風邪に効きます。

이 약은 감기에 잘 들어요.

イ ヤグン カムギエ チャル トゥロヨ

この薬の方が、お客様の症状に合っています。

환자분 증상에는 이 약이 더 맞아요.

ファンジャブン チュンサンエヌン イ ヤギト マジャヨ

服用している薬はありますか？

복용하시는 약이 있으세요?

ポギョンハシヌン ヤギ イッスセヨ？

持病はありますか？

지병이 있으세요?

チビョンイ イッスセヨ？

こちらは妊娠中にはお使いにならないでください。

이건 임신 중에는 사용하시면 안 돼요.

イゴン イムシン ジュンエヌン サヨンハシミョン アン ドゥェヨ

5
医療薬・病気・トラブル

223

処方箋をお持ちですか？

처방전 가지고 계세요?

チョバンジョン カジゴ ケセヨ？

その薬には処方箋が必要です。

그 약은 처방전이 필요해요.

ク ヤグン チョバンジョニ ピリョヘヨ

ただ今薬剤師がいないので、お売りできません。

지금 약사가 없어서 판매를 할 수 없어요.

チグム ヤクサガ オプソソ パンメルル ハル ス オプソヨ

飲み／塗り薬が3種類処方されています。

마시는 / 바르는 약이 세 종류 처방됐어요.

マシヌン／パルヌン ヤギ セ ジョンニュ チョバンドゥェッソヨ

これは10日分です。

이건 10일치예요.

イゴン シビルチエヨ

1日3回食後に1錠ずつ飲んでください。

하루에 세 번, 식후에 한 알씩 드세요.

ハルエ セ ボン、シクエ ハナルシク トゥセヨ

1日3回より多く服用しないでください。

하루에 세 번 이상은 드시지 마세요.

ハルエ セ ボン イサンウン トゥシジ マセヨ

「3回より多く服用しないで」とは、つまり「服用は3回までにしてください」という意味なので、하루에 세 번까지만 드세요.(ハルエ セ ボンカジマン トゥセヨ)とも言えます。

3時間以上の間隔を空けて服用してください。

3시간 이상 간격을 두고 드세요.

セ シガン イサン カンギョグル トゥゴ トゥセヨ

何か異常な副作用を感じたら、すぐに薬を飲むのを止めてください。

심각한 부작용이 생기면 약 사용을 바로 중단해 주세요.

シムガカン プジャギョンイ センギミョン ヤク サヨンウル パロ チュンダネ ジュセヨ

韓国語文の直訳は「深刻な副作用が生じたら、薬の使用はすぐ中断なさってください」です。

眠くなることがあります。車の運転は控えてください。

졸릴 수 있으니까 운전은 가급적 하지 마세요.

チョルリル ス イッスニッカ ウンジョヌン カグプチョク ハジ マセヨ

ここでの「控えてください」は、가급적 하지 마세요(カグプチョク ハジ マセヨ／できるだけしないでください)と表現するのが自然です。

5 医療業&病気・トラブル

薬の種類		
● せき止め薬	기침약	キチムニャク
● 風邪薬	감기약	カムギヤク
● 胃薬	위장약	ウィジャンニャク
● 頭痛薬	두통약	トゥトンニャク
● うがい薬	가글	カグル
● 解熱剤	해열제	ヘヨルチェ
● 解毒剤	해독제	ヘドクチェ
● 消化剤	소화제	ソファジェ
● 座薬	좌약	チュアヤク
● 消毒薬	소독약	ソドンニャク
● 下剤	완하제	ウァナジェ
● 下痢止め	지사제	チサジェ
● 抗生物質	항생물질	ハンセンムルチル
● 漢方薬	한약	ハニャク
● 睡眠薬	수면제	スミョンジェ
● 鎮痛剤	진통제	チントンジェ
● 精神安定剤	정신안정제	チョンシナンジョンジェ
● 栄養剤	영양제	ヨンヤンジェ
● ビタミン剤	비타민제	ビタミンジェ
● 水薬	물약	ムルリャク
● 丸薬	환약	ファニャク
● 錠剤	알약	アルリャク
● 粉薬	가루약	カルヤク
● カプセル	캡슐	ケプシュル
● トローチ	트로키	トロキ
● 湿布	파스	パス
● 目薬	안약	アニャク
● 軟膏	연고	ヨンゴ

迷子・呼び出し

MP3 107

【親に】男の子ですか、女の子ですか？
남자 아이예요, 여자 아이예요?
ナムジャ アイエヨ、ヨジャ アイエヨ？

【親に】お子様は何歳ですか？
자녀분이 몇 살이세요?
チャニョブニ ミョッ サリセヨ？

【親に】お子様の特徴を教えてください。
자녀분의 특징을 말씀해 주세요.
チャニョブネ トゥクチンウル マルスメ ジュセヨ

【親に】館内放送でお呼び出しいたします。
미아 안내방송을 해 드리겠습니다.
ミア アンネバンソンウル ヘ ドゥリゲッスムニダ

韓国語文の直訳は「迷子の案内放送をいたします」です。

5
医療業&病気・トラブル

227

【子に】どこから来たの？　誰と一緒に来たの？

어디서 왔어? 누구랑 같이 왔어?

オディソ ワッソ？ ヌグラン カチ ワッソ？

 語尾に-요（〜ヨ／〜です・ます）を付けるとカジュアルな表現から丁寧な表現に変わります。어디서 왔어요?（どこから来ましたか？）、누구랑 같이 왔어요?（誰と一緒に来ましたか？）。

【子に】大丈夫だよ。

괜찮아.

クェンチャナ

【子に】一緒に事務所に行こうね。

관리사무소로 같이 가자.

クァルリサムソロ カチ カジャ

放 送 例　　館内呼び出し

パターン①

MP3 108

직원 : 세 살짜리 어린이 손민아 양의 가족되시는 분은 1층 안내 데스크로 와 주시기 바랍니다.

職員：3歳のソン・ミナちゃんのご家族様。1階のインフォメーションデスクまでお越しください。

パターン②

MP3 109

직원 : 한국에서 오신 박철민 님. 일행분이 기다리고 계십니다. 1층 안내 데스크로 와 주시기 바랍니다.

職員：韓国からお越しのパク・チョルミン様。お連れ様がお待ちです。1階のインフォメーションデスクまでお越しください。

パターン③

MP3 110

직원 : 방금 전 5층 여성복 매장에서 파란 원피스를 구입하신 손님께서는 근처 카운터 직원에게 알려 주시기 바랍니다.

職員：先ほど5階の婦人服売り場で青いワンピースをお買いのお客様。お近くのレジ係員までお申し出ください。

【万引き】会計はお済ませですか？

계산은 하셨습니까?

ケサヌン ハショッスムニッカ？

【万引き】かばんの中を見せてください。

가방 안을 보여 주세요.

カバン アヌル ポヨ ジュセヨ

【万引き】警察に通報します。

경찰에 신고하겠습니다.

キョンチャレ シンゴハゲッスムニダ

【盗難】大使館の電話番号をお調べします。

대사관 전화번호를 알아보겠습니다.

テサグァン チョヌァボノルル アラボゲッスムニダ

【盗難】どこで盗まれたか、心当たりはありますか？

어디서 도난당했는지 짐작 가는 데 있으세요?

オディソ トナンダンヘンヌンジ チムジャク カヌン デ イッスセヨ？

【盗難】最後にそれを見たのはいつですか？

그걸 마지막으로 본 게 언제예요?

クゴル マジマグロ ポン ゲ オンジェエヨ？

第6章

トイレ、最寄り駅の場所もしっかり説明

道案内

のためのフレーズ

屋内・屋外において道案内を行う際
の説明表現を集めました。

真っすぐ行って左に曲がってください。

쭉 가다가 왼쪽으로 꺾으시면 돼요.

ッチュク カダガ ウェンチョグロ ッコックシミョン トゥェヨ

突き当たりを左です。

막다른 길에서 왼쪽으로 가시면 돼요.

マクタルン キレソ ウェンチョグロ カシミョン トゥェヨ

右奥にあります。

오른쪽으로 가시다 보면 안쪽에 있어요.

オルンチョグロ カシダ ボミョン アンチョゲ イッソヨ

 日本語の「右奥」「左奥」を韓国語に直訳すると分かりにくいので、「右に行くと奥にあります」という表現にします。

出口を出て右手に見えます。

출구를 나가시면 오른편에 보여요.

チュルグルル ナガシミョン オルンピョネ ポヨヨ

階段を上った先です。

계단을 올라가시면 나와요.

ケダヌル オルラガシミョン ナワヨ

 「階段を下りた先です」なら계단을 내려가시면 나와요. (ケダヌル ネリョガシミョン ナワヨ)となります。

よろしければご案内します。
괜찮으시다면 제가 안내해 드릴게요.
クェンチャヌシダミョン チェガ アンネヘ ドゥリルケヨ

 シチュエーションによって「実際にお連れして案内する」「マップなどを示して説明する」のどちらの意味にもなり得ます。

ペット用品売り場は8階にございます。
애완동물 용품 매장은 8층에 있어요.
エワンドンムル ヨンプム メジャンウン パルチュンエ イッソヨ

 「ペット」を表現する言葉には반려동물(パルリョドンムル/伴侶動物)もあり、最近よく使われています。フレーズで使われている애완동물は漢字語で、「愛玩動物」です。

エレベーター/エスカレーターをご利用ください。
엘리베이터 / 에스컬레이터를 이용해 주세요.
エルリベイト/エスコルレイトルル イヨンヘ ジュセヨ

あそこの表示に従ってください。
저 표시를 따라가시면 돼요.
チョ ピョシルル ッタラガシミョン トゥェヨ

フロアマップでご案内しましょう。
층별 안내도를 보면서 설명해 드릴게요.
チュンビョル アンネドルル ポミョンソ ソルミョンヘ ドゥリルケヨ

6 道案内

建物の外

MP3
113

道なりに進んでください。

길 따라 쭉 가시면 돼요.

キル ッタラ ッチュク カシミョン トゥェヨ

2つ目の交差点を左に曲がってください。

두 번째 교차로에서 왼쪽으로 꺾으시면 돼요.

トゥ ボンチェ キョチャロエソ ウェンチョグロ ッコックシミョン トゥェヨ

ABC通りを右に曲がってください。

ABC 거리에서 오른쪽으로 꺾으시면 돼요.

エイビシ コリエソ オルンチョグロ ッコックシミョン トゥェヨ

図書館を過ぎて右手にあります。

도서관을 지나면 오른편에 나와요.

トソグァヌル チナミョン オルンピョネ ナワヨ

> 「右手」はオルンチョク(오른쪽)ともオルンピョン(오른편)とも言います。「左手」は左手(ウェンチョク)、または左편(ウェンピョン)と言います。また、「右側」は우측(ウチュク)、「左側」は좌측(チュアチュク)になります。なお、나와요は「出てきます」の意味です。

その信号を渡ったすぐ先にあります。

그 신호등을 건너면 바로 나와요.

ク シノドゥンウル コンノミョン パロ ナワヨ

梅田デラックスというビルの5階です。

우메다 디럭스라는 빌딩 5층이에요.

ウメダ ディロックスラヌン ビルディン オチュンイエヨ

郵便局の隣にあります。

우체국 옆에 있어요.

ウチェグク ヨペ イッソヨ

 건너편(コンノピョン／～の向かい)、대각선 방향(テガクソン パンヒャン／
～の斜め向かい)、앞(アプ／～の前)、뒤(トゥィ／～の裏、後ろ)、근처(ク
ンチョ／～の近く)なども覚えておきましょう。

この建物です。

이 건물이에요.

イ コンムリエヨ

店名のある大きな赤い看板が目印です。

점포명이 있는 큰 빨간색 간판이 보이면 바로 거기예요.

チョムポミョンイ インヌン クン ッパルガンセク カンパニ ポイミョン パロ コギエヨ

⚠ 韓国語文の直訳は「店舗名のある大きな赤い看板が見えたら、まさにそこです」。

この地下道は駅につながっています。

이 지하도는 역하고 연결돼 있어요.

イ チハドヌン ヨカゴ ヨンギョルドゥェ イッソヨ

6
道案内

京王線の新宿行きに乗って3駅です。

게이오선 신주쿠행을 타고 세 번째 역에 내리시면 돼요.

ケイオソン シンジュクヘンウル タゴ セ ボンチェ ヨゲ ネリシミョン トゥェヨ

 「次の駅です」であれば、다음 역이에요(タウム ヨギエヨ)です。

JR京都駅南口から歩いて10分です。

JR 교토역 남쪽 출구에서 걸어서 10분이에요.

ジェイアル キョトヨク ナムチョク チュルグエソ コロソ シップニエヨ

 北は북쪽(プクチョク)、西は서쪽(ソッチョク)、東は동쪽(トンチョク)です。
また、「歩いて」ではなく「車で」なら、걸어서を차로(チャロ)に変えてください。

タクシーだと15分ですが、地下鉄の方が速いですよ。

택시로는 15분 정도 걸리니까 지하철이 더 빨라요.

テクシロヌン シボプン チョンド コルリニッカ チハチョリ ト ッパルラヨ

地図を描きましょうか？

지도를 그려 드릴까요?

チドルル クリョ ドゥリルカヨ?

スマートフォンで調べますね。
스마트폰으로 알아봐 드릴게요.
スマトゥポヌロ アラブァ ドゥリルケヨ

一緒に行ってあげましょうか？
같이 가 드릴까요?
カチ カ ドゥリルカヨ？

私もそちらの方面に向かっているところなんです。
저도 그쪽으로 가는 길이에요.
チョド クッチョグロ カヌン キリエヨ

お気を付けて。
조심히 가세요.
チョシミ ガセヨ

この辺りにあるというのは確かですか？
이 근처에 있다는 건 확실하세요?
イ クンチョエ イッタヌン ゴン ファクシラセヨ？

道案内

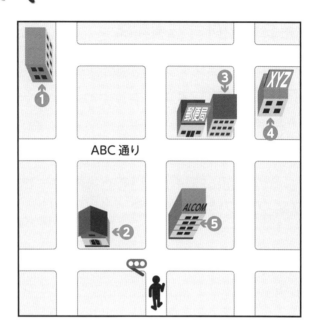

ABC 通り

쭉 가시다가 막다른 길에서 왼쪽으로 꺾으시면 정면에 보여요.

真っすぐ進んでください。突き当たりを左に曲がると正面に見えます。

첫 번째 신호등에서 왼쪽으로 꺾어서 조금 더 가다 보면
오른편에 보일 거예요.

１つ目の信号を左に曲がってください。しばらく歩くと右手に見えます。

238

에 行く MP3 116

ABC 거리에서 오른쪽으로 가면 우체국이 나오는데 그 옆에
있어요.

ABC通りを右に曲がってください。郵便局のそばにあります。

 **に行く** MP3 117

첫 번째 교차로에서 오른쪽으로 꺾으시고 그 다음 골목에서
왼쪽으로 가세요. 조금 더 가다가 오른편에 'XYZ'라는 큰 간판
이 보이면 바로 거기예요.

1つ目の交差点を右に曲がって、その次を左に曲がってください。しばらく歩いて、右手に
ある「XYZ」という大きな看板が目印です。

 に行く MP3 118

알콤이라는 건물 3층입니다. **신호등을 건너면 바로 나와요.**

アルコムという建物の3階です。信号を渡ったすぐ先にあります。

第7章

日々変化する現場に対応

プラスアルファ

のフレーズ

デジタル化や感染症・衛生対策など、
時代に合わせて変化する接客のさま
ざまなシーンで使える表現を集めま
した。

サーマルカメラに近づいていただけますか？

열화상 카메라 가까이 와 주실 수 있을까요?

ヨルァサン カメラ カッカイ ワ ジュシル ス イッスルカヨ？

 体温を検知するカメラを열화상 카메라(熱画像カメラ)と言います。

前の人との間隔をあけてお並びください。

앞 사람하고 거리를 두고 줄을 서 주세요.

アプ サラマゴ コリルル トゥゴ チュルル ソ ジュセヨ

検温させていただけますか？

체온 측정을 해도 될까요?

チェオン チュクチョンウル ヘド トゥェルカヨ？

入店前に消毒にご協力をお願いします。

들어가시기 전에 소독 먼저 부탁드릴게요.

トゥロガシギ ジョネ ソドク モンジョ プタクトゥリルケヨ

ご協力ありがとうございます。

협조해 주셔서 감사합니다.

ヒョプチョヘ ジュショソ カムサハムニダ

マスクはお持ちですか？

마스크는 가지고 계시나요?

マスクヌン カジゴ ケシナヨ？

マスクの着用をお願いできますか？

마스크를 착용해 주실 수 있을까요?

マスクルル チャギョンヘ ジュシル ス イッスルカヨ？

すみません、マスクをしていただけますか？

죄송하지만, 마스크를 써 주실 수 있을까요?

チュェソンハジマン マスクルル ッソ ジュシル ス イッスルカヨ？

 マスクをしていない方を見つけた時の声かけです。マスクを嫌う海外からの
お客様もいるため、最大限丁寧な表現を使うと良いでしょう。

マスクはしてもしなくても構いません。

마스크는 쓰셔도 되고 안 쓰셔도 됩니다.

マスクヌン ッスショド トゥェゴ アン ッスショド トゥェムニダ

大声での会話はお控えくださいませ。

대화할 때는 작은 목소리로 해 주세요.

テファハル ッテヌン チャグン モクソリロ ヘ ジュセヨ

 韓国語文の直訳は「会話をする時は小さな声でしてください」です。

MP3
120

少しお待ちください。テーブルを清掃・消毒します。

잠시만 기다려 주세요. 테이블 치우고 소독하겠습니다.

チャムシマン キダリョ ジュセヨ。テイブル チウゴ ソドカゲッスムニダ

ご予約いただいていたお客様からご案内いたします。

예약하신 손님부터 안내해 드리겠습니다.

イェヤカシン ソンニムブト アンネヘ ドゥリゲッスムニダ

同じテーブルにお座りいただけるのは最大4名までです。

같은 테이블에는 네 분까지만 앉으실 수 있습니다.

カトゥン テイブレヌン ネ ブンカジマン アンジュシル ス イッスムニダ

お客様は6名ですので、恐れ入りますが3名ずつ、もしくは2名と4名に分かれていただきますがよろしいですか？

여섯 분이시기 때문에 죄송하지만, 세 분씩 앉거나 두 분, 네 분으로 나눠 앉아야 하는데 괜찮으실까요?

ヨソッ プニシギ ッテムネ チュェソンハジマン セ ブンシク アンコナ トゥ ブン ネ ブヌロ ナヌォ アンジャヤ ハヌンデ クェンチャヌシルカヨ？

ピークタイムを過ぎた午後3時ごろが一番すいています。

피크 타임 지난 오후3시쯤이 손님이 제일 적습니다.

ピク タイム チナン オフ セシッチュミ ソンニミ チェイル チョクスムニダ

料理をお取りの際は使い捨て手袋をご使用ください。

음식 담으실 때는 일회용 장갑을 사용해 주세요.

ウムシク タムシル ッテヌン イルェヨン チャンガブル サヨンヘ ジュセヨ

ご注文は、こちらのQRコードをスキャンしてスマートフォンからお願いいたします。

주문은 여기 있는 QR 코드를 찍어서 모바일로 해 주시기 바랍니다.

チュムヌン ヨギ インヌン キュアル コドゥルル ッチゴソ モバイルロ ヘ ジュシギ パラムニダ

デリバリーもやっていますので、よろしければご利用ください。

배달도 가능하니까 필요하시면 이용해 주세요.

ペダルド カヌンハニッカ ピリョハシミョン イヨンヘ ジュセヨ

こちらがデリバリーメニューです。

배달 메뉴는 여기 있습니다.

ペダル メニュヌン ヨギ イッスムニダ

ここに書いてあるメニューは、テイクアウトでもデリバリーでもご注文いただけます。

여기 적혀 있는 메뉴는 테이크아웃, 배달 다 가능합니다.

ヨギ チョキョ インヌン メニュヌン テイクアウッ ペダル タ カヌンハムニダ

 韓国語文の直訳は「ここに書いてあるメニューは、テイクアウト、デリバリー全て可能です」です。

テスターは提供しておりません。
테스터는 제공되지 않습니다.
テストヌン チェゴンドゥェジ アンスムニダ

商品をお試しになりたい時は、お気軽にお声がけください。
제품 테스트를 원하시면 부담 없이 말씀해 주세요.
チェプム テストゥルル ウォナシミョン プダム オプシ マルスメ ジュセヨ

宿泊施設での案内（チェックイン） 🎵122

自動精算機でのチェックインをお願いいたします。

자동정산기로 체크인해 주시기 바랍니다.

チャドンジョンサンギロ チェクイネ ジュシギ パラムニダ

自動精算機はあちらにございます。

자동정산기는 저쪽에 있습니다.

チャドンジョンサンギヌン チョッチョゲ イッスムニダ

こちらの用紙にご記入をお願いします。

이 용지에 기입 부탁드릴게요.

イ ヨンジエ キイプ プタクトゥリルケヨ

お部屋に内線電話はございません。

객실에 내선전화는 없습니다.

ケクシレ ネソンジョヌァヌン オプスムニダ

フロントに御用の際は、部屋にあるQRコードをスマートフォンで読み込んでご連絡ください。

프런트에 용건이 있을 때는 객실에 있는 QR 코드를 모바일로 찍어서 연락 주시기 바랍니다.

プロントゥエ ヨンコニ イッスル ッテヌン ケクシレ インヌン キュアル コドゥルル モバイルロ ッチゴソ ヨルラク チュシギ パラムニダ

こちらは一時的に閉鎖しております。

여기는 일시적으로 폐쇄되었습니다.

ヨギヌン イルシジョグロ ペスェドゥエオッスムニダ

ホテル内では、すべてのお客様にマスクの着用をお願いしております。

호텔 안에서는 모든 손님이 마스크를 착용하셔야 합니다.

ホテル アネソヌン モドゥン ソンニミ マスクルル チャギョンハショヤ ハムニダ

消毒液は各階のエレベーター前に設置しています。

소독제는 각 층 엘리베이터 앞에 비치되어 있습니다.

ソドクチェヌン カク チュン エルリベイト アペ ピチドゥエオ イッスムニダ

市販の薬はフロントにご用意がございます。

시판 약은 프런트에 준비되어 있습니다.

シパン ヤグン プロントゥエ チュンビドゥエオ イッスムニダ

体調がすぐれない場合はお知らせください。最寄りの病院をご紹介します。

몸 상태가 안 좋으시면 말씀해 주세요. 가까운 병원을 알려 드리겠습니다.

モム サンテガ アン ジョウシミョン マルスメ ジュセヨ。 カッカウン ピョンウォヌル アルリョ ドゥリゲッスムニダ

❼ プラスアルファ

宿泊施設での案内（食事）

MP3 123

レストランのご利用をお考えの場合は、予約をおすすめいたします。

레스토랑 이용을 원하실 때는 예약을 하시는 게 좋습니다.

レストラン イヨンウル ウォナシル ッテヌン イェヤグル ハシヌン ゲ チョッスムニダ

朝食ビュッフェは休止しており、代わりに和定食、もしくは洋定食をお出ししております。

조식 뷔페는 운영하지 않고, 대신 일본식이나 서양식 정식이 제공됩니다.

チョシク プィペヌン ウニョンハジ アンコ テシン イルボンシギナ ソヤンシク チョンシギ チェゴンドゥェムニダ

朝食のビュッフェは営業しておりますが、ご希望の場合は料理をお部屋にお持ち帰りいただけます。

조식 뷔페도 가능하지만, 원하시면 음식을 방으로 가지고 가서 드셔도 됩니다.

チョシク プィペド カヌンハジマン ウォナシミョン ウムシグル パンウロ カジゴ カソ トゥショド トゥェムニダ

 韓国語文の前半部分の直訳は「朝食のビュッフェも可能ですが」です。

テイクアウトBOXをお渡ししますので、お好きな料理をご自身で詰めていただけます。

포장 용기를 드리니까 원하시는 음식을 직접 담으시면 됩니다.

ポジャン ヨンギルル トゥリニッカ ウォナシヌン ウムシグル チクチョプ タムシミョン トゥエムニダ

プラスアルファ

ご宿泊いただきありがとうございました。ルームキーはこの箱に入れてください。

이용해 주셔서 감사합니다. 객실 열쇠는 이 상자에 넣어 주세요.

イヨンヘ ジュショソ カムサハムニダ。ケクシル ヨルスェヌン イ サンジャエ ノオ ジュセヨ

韓国語文の前半部分の直訳は「ご利用いただきありがとうございます」です。

あちらの自動精算機でチェックアウトしていただけます。ルームキーを差し込んでください。

저기 있는 자동정산기로 체크아웃하실 수 있습니다. 룸 키를 꽂아 주세요.

チョギ インヌン チャドンジョンサンギロ チェクアウタシル ス イッスムニダ。ルム キルル ッコジャ ジュセヨ

精算はございませんので、チェックアウト完了です。ご利用ありがとうございました。

정산하실 게 없어서 체크아웃이 완료됐습니다. 이용해 주셔서 감사합니다.

チョンサナシル ケ オプソソ チェクアウシ ワルリョドゥェッスムニダ。イヨンヘ ジュショソ カムサハムニダ

遊園地・美術館・劇場などでの案内 🎵125

オンラインで事前予約をされた方のみ入場いただけます。

온라인으로 사전 예약하신 분들만 입장 가능합니다.

オンナイヌロ サジョン イェヤカシン ブンドゥルマン イプチャン カヌンハムニダ

現在、入場者数を制限しております。

현재 입장 인원수를 제한 중입니다.

ヒョンジェ イプチャン イヌォンスルル チェハン チュンイムニダ

ただいま館内への入場制限を実施しております。

지금 관내 입장을 제한하고 있습니다.

チグム クァンネ イプチャンウル チェハナゴ イッスムニダ

前売りの時間指定チケットをお持ちの方のみ入場いただけます。

시간 지정 티켓을 예매하신 분들만 입장 가능합니다.

シガン ティジョン チケスル イェメハシン ブンドゥルマン イプチャン カヌンハムニダ

メールにあるURLをタップし、QRコードを入場ゲート
でスキャンしてください。

이메일에 나와 있는 URL을 터치해서 QR 코드를 입장 게이트에서 스캔해 주세요.

イメイレ ナワ インヌン ユアレルル トチヘソ キュアル コドゥルル イプチャン ゲイトゥエソ スケネ ジュ
セヨ

このQRコードをスマートフォンでスキャンすると、音
声ガイドを無料でお聞きいただけます。

이 QR 코드를 모바일로 스캔하시면 음성 가이드를 무료로 들으실 수 있습니다.

イ キュアル コドゥルル モバイルロ スケナシミョン ウムソン ガイドゥルル ムリョロ トゥルシル ス イッ
スムニダ

上演中のおしゃべりはご遠慮ください。

상연 중에 대화는 삼가 주세요.

サンヨン チュンエ テファヌン サムガ ジュセヨ

付 録

英・中・韓　完全対応

すぐに使える
貼り紙・POP例文集

店舗・施設のドアや室内、看板など
への掲示に使える便利な表現をまと
めました。
英語はもちろん、中国語と韓国語の
訳も記載しています。

使い方

日本語の見出しに対応する表現が、上から英語、中国語（簡体字・繁体字）、韓国語で記載されています。

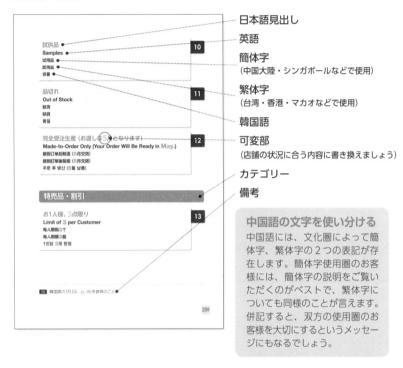

日本語見出し

英語

簡体字
（中国大陸・シンガポールなどで使用）

繁体字
（台湾・香港・マカオなどで使用）

韓国語

可変部
（店舗の状況に合う内容に書き換えましょう）

カテゴリー

備考

中国語の文字を使い分ける
中国語には、文化圏によって簡体字、繁体字の2つの表記が存在します。簡体字使用圏のお客様には、簡体字の説明をご覧いただくのがベストで、繁体字についても同様のことが言えます。併記すると、双方の使用圏のお客様を大切にするというメッセージにもなるでしょう。

ダウンロード特典のご案内

下記2点を無料でダウンロードいただけます。
① 例文のテキストを記載したWordファイル、PDFファイル
② A4サイズで印刷してそのまま貼って使えるPDFファイル（例文の中から10個をピックアップしています）
特典の入手方法は下記ウェブサイトをご覧ください。

アルクダウンロードセンター
https://portal-dlc.alc.co.jp/

※本サービスの内容は、予告なく変更する場合がございます。あらかじめご了承ください。

順番待ち

ここからの待ち時間：90分
Waiting Time at This Point: 90 Minutes
此处预计等候时间：90分钟
此處預計等候時間：90分鐘
대기시간：90분

`1`

こちらにお並びください
Please Line Up Here.
请在此排队
請在此排隊
이쪽으로 줄을 서 주십시오

`2`

先頭
Start of Line
队首
隊頭
맨 앞

`3`

最後尾
End of Line
队尾
隊尾
맨 뒤

`4`

順番にご案内します
Please Wait in Line to Be Served.
按顺序引领客人
按顺序引领客人
순서대로 안내해 드리겠습니다

`5`

予約不要
Advance Reservations Not Required
无需预约
無需預約
예약 불필요

6

完売御礼
Sold Out
已售完
已售完
완판

7

在庫

現品限り
On-Shelf Stock Only
仅限现货销售
僅限現貨銷售
진열품 외 재고 없음

8

展示品
Display Model
陈列品
陳列品
전시품

9

試供品

Samples

试用品

試用品

샘플

10

品切れ

Out of Stock

缺货

缺貨

품절

11

完全受注生産（お渡しは5月となります）

Made-to-Order Only (Your Order Will Be Ready in May.)

接到订单后制造（5月交货）

接到訂單後製造（5月交貨）

주문 후 생산 (5월 납품)

12

特売品・割引

お1人様、3点限り

Limit of 3 per Customer

每人限购3个

每人限購3個

1인당 3개 한정

13

---

12 韓国語の「月」は、p. 46を参照のこと。

本日限り
Today Only
仅限今日
只限今日
금일 한정

14

1家族様、2個までです
Limit of 2 per Household
每个家庭限购2个
每個家庭限購2個
한 가족당 2개 한정

15

ランチ限定
Lunch Time Only
仅限午餐
只限午餐
점심 한정

16

期間限定商品
Limited-Time Product
限期销售的商品
限期銷售的商品
기간 한정 상품

17

訳あり大特価
Discounted "As Is" Item
大特价 (有瑕疵)
大特價 (有瑕疵)
묻지마 특가

18

---

18 「訳あり」という表現は、日本語ならでは。外国語で強いて書くなら、中国語では「傷あり」を意味する (有瑕疵) で補足する。韓国語では「(安い理由を) 聞かないで特価」となる。

売り切れ御免

Limited Stock

售完为止

售完為止

매진 시 판매 종료

19

全品10%オフ

All Items 10% Off

所有商品打9折

所有商品打9折

전 품목 10% 할인

20

1つ買ったら1個差し上げます

Buy 1, Get 1 Free

买一送一

買一送一

1개 구입 시 1개 무료 증정 (1+1)

21

水曜日は2割引

20% Off on Wednesdays

周三打8折

週三打8折

수요일은 20% 할인

22

---

20 中国語では、「10%オフ」は「0.9掛けの割引価格」とした表記になる。20%オフなら、9の部分を8に変える。

22 韓国語の曜日についてはp. 47を参照。英語の場合は、曜日の語末に複数形のsを付けること。中国語、韓国語の場合は、今「三」「수」となっている部分をそれぞれ「一／월(月)」「二／화(火)」「三／수(水)」「四／목(木)」「五／금(金)」「六／토(土)」「日／일(日)」に変える。

今付いているお値段より10%引き

10% Off the Price Tag

按标价打9折出售

按標價打9折販售

표시 가격에서 10% 할인

23

お買い得商品

Great Buy

优惠商品

優惠商品

특가 상품

24

おすすめ

新商品

New Item

新商品

新商品

신상품

25

旬の商品

Seasonal Item

季节商品

季節商品

계절 상품

26

流行の商品
Trendy Item
流行商品
流行商品
히트 상품

27

最安値保証
Lowest Price Guaranteed
保证最低价格
保證最低價格
최저가 보장

28

テレビで取り上げられました
As Seen on TV
电视节目中介绍过的商品
電視節目中介紹過的商品
TV 소개

29

本日のおすすめ
Today's Choice
今日推荐
今日推薦
오늘의 추천

30

当店のおすすめ
Our Choice
本店推荐
本店推薦
매장 추천

31

店長のおすすめ
Manager's Choice
店长推荐
店長推薦
점장 추천

`32`

今売れています
Hot Seller
热卖中
熱賣中
절찬리 판매 중

`33`

禁止事項

おたばこはご遠慮ください
No Smoking
请勿吸烟
請勿吸煙
금연

`34`

携帯電話の使用はご遠慮ください
No Smartphones
请勿使用手机
請勿使用手機
휴대전화 사용 금지

`35`

ペットの同伴はご遠慮ください

No Accompanying Pets

请勿携带宠物入店铺

請勿攜帶寵物入店鋪

반려동물 동반 금지

36

飲食はご遠慮ください

No Eating or Drinking

请勿饮食

請勿飲食

음식물 섭취 금지

37

飲食物の持ち込みはご遠慮ください

No Food or Drink inside the Store

请勿携带食物及饮料入内

請勿攜帶食物及飲料入內

음식물 반입 금지

38

注文しないお客様の入店はお断りいたします

Customers Only

谢绝非用餐客人入内

謝絕非用餐客人入內

주문하지 않는 손님은 사절합니다

39

---

36 なお「乳幼児の同伴はNG」という趣旨の貼り紙は、中華圏では乳幼児の入店を制限するようなケースがほとんどないため、極めて非常識と受け止められる可能性がある。

試着はご遠慮ください

Please Do Not Try on the Items

请勿试穿

請勿試穿

착용 불가

店内では写真撮影をお断りしています

No Photographs inside the Store

店内禁止拍照

店內禁止拍照

매장 내 사진 촬영 금지

フラッシュ撮影、三脚使用はご遠慮ください

No Flash or Tripod

请勿使用闪光灯及三脚架

請勿使用閃光燈及三腳架

플래시 및 삼각대 사용 금지

関係者以外立ち入り禁止

Staff Only

非工作人员禁止入内

非工作人員禁止進入

관계자 외 출입 금지

土足禁止

No Shoes

请勿穿鞋入内

請勿穿鞋入內

신발을 벗어 주세요

未成年者およびお車を運転されるお客様へのアルコール類のご提供は、差し控えさせていただいております

We do not serve alcohol to minors or customers who are driving.

本店不向未成年人及司机提供酒类饮料

本店不向未成年人及司機提供酒類飲料

미성년자 및 차량 운전자에게는 주류를 제공하지 않습니다

45

大声で騒いだり、暴れたりなどの行為は、他のお客様のご迷惑になりますのでご遠慮ください

Please refrain from noise or unruly behavior that will disturb other customers.

请勿大声喧哗及嬉闹，以免打扰其他顾客

請勿大聲喧嘩及嬉鬧，以免打擾其他顧客

고성방가, 난폭한 행동 등은 다른 손님들에게 피해가 되므로 삼가 주십시오

46

当施設に関係ない方の通り抜け・立ち入りを禁止します

No Entry for People Unrelated to This Facility

禁止无关人员进入或穿行

禁止無關人員進入或穿行

시설 관계자 외 통행 및 출입 금지

47

1階では浴衣、スリッパの着用をお断りしています

No *Yukata* or Slippers on the 1st floor

请勿穿浴衣或拖鞋到1楼

請勿穿浴衣或拖鞋到1樓

1층에서는 유카타 및 슬리퍼 착용을 금합니다

48

立ち読みはしないでください
No Browsing
请勿（长时间）翻阅
請勿（長時間）翻閱
책은 구입 후에 읽어 주십시오

49

試着室へカゴごとのお持ち込みは遠慮させていただいております
Baskets are not permitted inside the changing rooms.
请勿将购物篮带进试衣间
請勿將購物籃帶入試衣間
피팅룸에 바구니째 들고 가지 마십시오

50

お手を触れないでください
Do not touch.
请勿触摸
請勿觸摸
만지지 마십시오

51

室内の備品は持ち帰らないでください
Do not take any equipment from this room.
请勿带走室内物品
請勿帶走室內物品
실내 비품을 가져가지 마십시오

52

会計

お会計は近くの係員にお申し付けください
Please notify staff to make your payment.
付款时请叫附近的服务员
付款時請叫附近的工作人員
계산하실 분은 근처 직원에게 말씀해 주십시오

53

薬は専用レジにて会計をお願いします
Please pay for medicine at the designated cash register.
购买药品请到专用收银台付款
購買藥品請到專用櫃臺付款
약은 전용 카운터에서 계산해 주십시오

54

お支払いは現金のみになります
Cash Only
只收现金
只收現金
현금 결제만 가능

55

両替できません（外国為替）
We do not exchange foreign currency.
不兑换外币
不兑換外幣
외화 환전 불가

56

両替できません（お札を小銭に）
We do not give change without a purchase.
本店不换零钱
本店不換零錢
동전 교환 불가

57

ただ今1,000円札が不足しております。ご協力をお願いいたします

58

We have a shortage of 1,000 yen bills. Please give the exact amount when possible.

目前1000日元纸币短缺，谢谢您的合作

目前1000日圓紙幣短缺，謝謝您的合作

1,000엔짜리 지폐가 부족하오니 협조 부탁드립니다

チップは不要です

59

No Tipping – Thank You

不收小费

不收小費

팁은 필요하지 않습니다

お会計はお席にてお願いいたします

60

Please pay at your seat.

请在座位上结账

請在座位上結賬

계산은 앉은 자리에서 해 주십시오

主要クレジットカードがご利用可能です

61

All Major Credit Cards Accepted

可使用国际通用的信用卡

可使用國際通用的信用卡

주요 신용카드만 사용이 가능합니다

キャンセル不可

62

No Cancelations

不可取消

不可取消

취소 불가

払い戻し不可

No Refunds

恕不退款

恕不退款

환불 불가

63

セルフ・ご自由に

当店はセルフサービスです

Please serve yourself.

本店是自助服务

本店採用自助式

매장 내 셀프 서비스

64

ご注文口

Orders

点餐窗口

點餐窗口

주문하는 곳

65

お受け取り口

Pickup

取餐窗口

取餐窗口

나오는 곳

66

食器返却口

Dishes

餐具回收口

餐具回收口

식기 반납하는 곳

67

お会計口

Payment

收银台

櫃臺

계산하는 곳

68

お代わり自由

Free Refills

免费续加

免費續加

리필 가능

69

ご自由にお取りください

Take One Free

请自由取用

請自由取用

필요하신 분은 가져가세요

70

---

69 中国語 (簡体字／繁体字) は、"**米饭／米飯**" (ご飯)、"**汤／湯**" (スープ)、"**饮料／飲料**" (飲み物) などを前に付け加えて使うことが可能。

日時・スケジュール

営業時間
午前8時30分〜午後9時 (月〜金)
午前9時〜午後8時 (土日祝日)

Business Hours
8:30 a.m. — 9 p.m. **(Mon. – Fri.)**
9 a.m. — 8 p.m. **(Sat., Sun., Holidays)**

营业时间
08:30–21:00 (周一至周五)
09:00–20:00 (节假日)

營業時間
08:30–21:00 (週一至週五)
09:00–20:00 (節假日)

영업시간
오전 8시 30분~오후 9시 (월~금)
오전 9시~오후 8시 (주말/공휴일)

71

休業日のご案内
1月1日 (月)、2日 (火)、5日 (金)〜7日 (日)

We Will Be Closed on:
Jan. 1 (Mon.); Jan. 2 (Tue.); Jan. 5 (Fri.) – Jan. 7 (Sun.)

放假日期如下
1月**1**日 (周一)、**2**日 (周二) 及**5**日 (周五) –**7**日 (周日)

放假日期如下
1月**1**日 (週一)、**2**日 (週二) 及**5**日 (週五) –**7**日 (週日)

휴무일 안내
1월 **1**일 (월)、**2**일 (화)、**5**일 (금) ~**7**일 (일)

72

---

71 英語では通常、24時間表記を用いない。「午前、午後」は、英/簡・繁/韓の順に「a.m. 、p.m./上午、下午/오전、오후」で表す。「時、分」は簡/繁/韓の順に「点、分/點、分/시、분」。

72 韓国語の月・曜日の略称についてはp. 46-47を参照。英語、中国語の曜日の書き方はp. 261。

営業中
Open
营业中
營業中
영업 중

73

本日の営業は終了しました
We are closed for today.
今日营业已结束
今日營業已結束
금일 영업 종료

74

定休日
Regular Holiday
公休日
公休日
정기 휴일

75

臨時休業
Temporarily Closed
暂停营业
暫停營業
임시 휴업

76

準備中
Preparation in Progress
准备中
準備中
준비 중

77

本日貸し切り
All Seats Reserved Today
今日包场
今日包場
금일 대관 예약 있음

78

午前11時から午後2時まで全席禁煙です
No Smoking at Any Table from 11 a.m. to 2 p.m.
上午11点－下午2点禁止吸烟
上午11點－下午2點禁止吸煙
오전 11시부터 오후 2시까지 전 좌석 금연

79

雨天中止
Canceled in Bad Weather
雨天中止
雨天中止
우천 시 중지

80

定期点検のご案内
1月1日（月）午後3時～午後5時
Periodic Inspection:
Jan. 1 (Mon.), 3 p.m. — 5 p.m.
定期检查通知
1月1日（周一）：下午3点－5点
定期檢查通知
1月1日（週一）：下午3點－5點
정기점검 안내
1월 1일 （월） 오후 3시~오후 5시

81

---

79 81 時刻表記の要領はp. 273も参照のこと。

トイレ

ご使用の際は従業員に一言お声掛けください

Please notify staff before using.

如要使用请告知工作人员

如要使用請告知工作人員

사용하실 분은 직원을 불러 주십시오

82

トイレはありません

No Restrooms

没有洗手间

沒有洗手間

화장실 없음

83

節水にご協力ください

Please help us conserve water.

请节约用水

請節約用水

물 절약

84

故障中

Out of Order

维修中

維修中

고장

85

清掃中

Cleaning in Progress

清扫中

清潔中

청소 중

86

2階のトイレをご利用ください

Please use the restrooms on the 2nd floor.

请使用2楼的洗手间

請使用2樓的洗手間

2층 화장실을 이용해 주십시오

トイレットペーパーは持ち出さないでください

Please do not remove the toilet paper.

请勿将卫生纸带走

請勿將衛生紙帶走

화장지를 가져가지 마십시오

お手洗いだけのご利用は固くお断りします

No Public Restrooms Here

洗手间不外借

洗手間不外借

화장실만 이용하는 손님은 사절합니다

いつもトイレをきれいに使っていただき誠にありがとうございます

Thank you for keeping our restrooms clean.

感谢您保持卫生间清洁

感謝您保持衛生間清潔

항상 화장실을 깨끗하게 이용해 주셔서 감사합니다

トイレットペーパー以外のものを流さないでください

Please flush toilet paper only.

请勿将卫生纸以外的物品扔进马桶

請勿將衛生紙以外的物品扔進馬桶

변기에 화장지 외 다른 것을 버리지 마십시오

使用済みトイレットペーパーは便器に流してください
Please dispose of toilet paper in the toilet.
卫生纸使用后请直接扔进马桶冲掉
衛生紙使用後請直接丟進馬桶沖掉
사용한 화장지는 변기 안에 버려 주십시오

92

防犯

防犯カメラ作動中
Surveillance Cameras in Operation
此处有监控摄像机
錄影監視中
CCTV 작동 중

93

万引きは警察に通報いたします
Shoplifters will be reported to police.
发现行窃马上报警
發現偷竊馬上報警
절도 적발 시 경찰에 신고합니다

94

巡回中
Patrol in Progress
保安员在巡逻
保安員在巡邏
순찰 중

95

店舗のサービス

免税品取り扱っています

We sell tax-free items.

本店有免税商品

本店販售免税商品

면세품을 취급하고 있습니다

96

英語、中国語、韓国語可

English, Chinese and Korean Service Available

可使用英文、中文和韩文

可使用英文、中文和韓文

영어, 중국어, 한국어 가능

97

無料Wi-Fi接続あり

Free Wi-Fi

本店提供免费Wi-Fi

本店提供免費Wi-Fi

무료 Wi-Fi 이용 가능

98

お客様専用駐車場

Customer-Only Parking

顾客专用停车场

顧客専用停車場

고객 전용 주차장

99

午後3時までのご注文で即日配送いたします

Same-Day Shipping for Orders Placed by 3 p.m.

下午3点前下单，当天送货

下午3點前訂購，當天即到貨

오후 3시| 주문분까지 당일 배송해 드립니다

100

他店の方が1円でも安い場合はお申し付けください

Please let us know if other stores have a better price.

如有比我们更便宜的店家，请告诉我们

如有比我們更便宜的店家，請告訴我們

다른 매장의 가격이 1엔이라도 저렴한 경우에는 말씀해 주십시오

101

海外への配送を承ります

International Delivery Available

承接国际配送业务

承接國際配送業務

해외 배송 가능

102

海外への配送はできかねます

No International Delivery

不承接国际配送业务

不承接國際配送業務

해외 배송 불가

103

お持ち帰りできます

Takeout Available

可外带

可外帶

테이크아웃 가능

104

宴会予約承ります

Party Reservations Accepted

接受宴会预约

提供宴會預約

단체 예약 가능

105

最初の2時間無料 (以降1時間ごと300円)

Free for First 2 Hours (300 Yen per Hour Thereafter)

2小时免费 (超出后每1小时加收300日元)

2小時免費 (超出後每1小時加收300日圓)

첫 2시간 무료 (이후 1시간당 300엔)

106

1,000円以上のご利用で駐車料金2時間無料

2 Hours Free Parking with Purchases of 1,000 Yen or More

消费1000日元以上可免费停车2小时

消費1000日圓以上可享2小時免費停車

1,000엔 이상 결제 시 주차요금 2시간 무료

107

細やかな配慮

豚肉を含んでいない食べ物です

This food does not contain pork.

不含猪肉的食物

不含豬肉的食物

돼지고기를 사용하지 않은 음식입니다

108

グルテンを含む食べ物です

This food contains gluten.

含有麸质的食物

含有麩質的食物

글루텐이 포함된 음식입니다

109

ナイフとフォークございます

Knives and Forks Available

有刀叉

提供刀叉

나이프와 포크 있습니다

110

妊婦の方、乳幼児をお連れの方、ご年配の方の優先座席です

Priority Seats for Pregnant Women, Persons with Small Children, and the Elderly

爱心专座

讓座給老弱婦孺

임산부, 영유아 동반자, 노약자 우대 좌석

111

ギフト用ラッピング承ります

Gift-Wrapping Available

提供礼品包装服务

提供禮品包裝服務

선물 포장 가능

112

貴重品はロッカーに入れてください

Please put your valuables in a locker.

请将贵重物品放入存物柜

請將貴重物品放入置物櫃

귀중품은 보관함에 넣어 주십시오

113

お忘れ物にご注意ください

Please take your belongings with you.

请携带好随身物品

請注意您的隨身物品

두고 가시는 물건이 없도록 주의해 주십시오

114

---

111 簡体字は「思いやりの座席」、繁体字は「老人、病人・障害者、婦人、子供には席を譲りましょう」の意。

お客様にお願い

不良品以外は交換できません
Returns Accepted for Defective Goods Only
除质量问题外概不退换
除質量問題外概不退換
불량품 외 교환 불가

115

試着室への持ち込みは3点までです
3 Items per Person in Changing Rooms
每次最多只能试穿3件衣服
每次最多只能試穿3件衣服
피팅룸에는 3 개까지 반입 가능

116

商品の返品は7日以内にお願いします
Returns Accepted within 7 Days of Purchase
7日以内可退货
7日以內可退貨
7일 이내 반품 가능

117

セール商品につき、ご返品、お取り換えはご容赦願います
No Refunds or Exchanges on Sale Items
减价商品售出后概不退换
減價商品售出後概不退換
세일 상품은 환불 및 교환 불가

118

かぶり物をご試着の際には、必ずフェイスカバーをご利用ください
Please use a face cover when trying on pull-over items.
试穿套头衣物时请使用面罩
試穿套頭衣物時請使用面罩
착용 시 얼굴에 닿을 때에는 페이스 커버를 사용해 주십시오

119

冷房中につき、ドアはお閉めください

The air conditioning is on. Please keep the door closed.

冷气开放中，请随手关门

冷氣開放中，請隨手關門

냉방 중이므로 문을 닫아 주십시오

120

お1人様、1品以上のご注文をお願いいたします

All customers must order at least one item.

每人至少点一份食物或饮品

每人至少點一份餐點或飲料

1인당 1개 이상 주문해 주십시오

121

ご試着の際にはスタッフに一声お掛けください

Please notify our staff before trying clothes on.

试穿时请告知工作人员

試穿時請告知工作人員

착용해 보실 분은 직원을 불러 주십시오

122

当店は前払い制となっております

Payment must be made in advance.

本店先付款后用餐

本店先付款後用餐

결제는 선불입니다

123

席にご案内しますのでお待ちください

Please wait to be seated.

请稍候，我们会带您入座

請稍候，我們會帶您入座

자리를 안내해 드리겠사오니 잠시만 기다려 주십시오

124

ご用の際はボタンを押してください

Please press button for assistance.

需要时请按此按钮

需要時請按此按鈕

용건이 있으신 분은 버튼을 눌러 주십시오

125

開閉注意（ドアの反対側に人がいる場合があります）

Please use caution when opening/closing the door.
Someone may be on the other side.

小心开关门（注意门后的客人）

小心開關門（注意門後的客人）

문 여닫을 때 주의 (반대편에 사람이 있을 수 있습니다)

126

足元にご注意ください

Watch your step.

小心脚下

小心腳下

발밑 조심

127

ゴミは持ち帰りましょう

Please take your trash with you.

请把垃圾带走

請把垃圾帶走

자기 쓰레기는 되가져 갑시다

128

食べ終わりましたら、食器類は返却口までお願いします

Please return your used dishes to the return counter.

用餐后请把餐具放至回收口

用餐後請將餐具放至回收口

식사가 끝나면 식기류를 반납하는 곳에 갖다 주시기 바랍니다

129

食券を買ってから席にお着きください

Please buy a meal ticket before sitting down.

请先买餐券，再找座位

請先買餐券，再找座位

식권 구입 후 자리에 앉아 주십시오

130

先に席をお取りください

Please take a seat before ordering.

请先找好座位

請先找好座位

먼저 자리를 잡아 주십시오

131

節電にご協力ください

Please help us conserve electricity.

请节约用电

請節約用電

절전에 협조해 주시기 바랍니다

132

年齢確認させていただく場合がございます

We may ask you to verify your age.

我们可能会确认您的年龄

我們可能會確認您的年齡

연령을 확인하는 경우가 있습니다

133

食べ放題・飲み放題

食べ放題
All-You-Can-Eat
自助餐
吃到飽
음식 무한리필

134

飲み放題
All-You-Can-Drink
无限畅饮
無限暢飲
음료 무한리필

135

2時間制
2-Hour Limit
用餐时间限2个小时
用餐時間限2個小時
2시간제

136

90分制
90-Min. Limit
用餐时间限90分钟
用餐時間限90分鐘
90분제

137

時間無制限
No Time Limit
没有时间限制
時間無限制
시간 무제한

138

139

大人3,000円（税込）
子供1,500円（税込）
3歳未満無料

Adults: 3,000 Yen (Tax Included)
Children: 1,500 Yen (Tax Included)
Free for Children under 3 Years of Age

成人：3000日元（含税）
儿童：1500日元（含税）
3岁以下儿童免费

成人：3000日圓（含税）
兒童：1500日圓（含税）
3歲以下兒童免費

어른 3,000엔 (소비세 포함)
어린이 1,500엔 (소비세 포함)
3세 미만 무료

プラスアルファ

マスク着用推奨
Masks Recommended
建议佩戴口罩
建議佩戴口罩
가급적 마스크를 착용해 주세요

140

健康に不安のある方は入店をお控えください
Please do not enter if you have concerns any health concerns.
担心自己健康状况的人请不要进入店铺
擔心自己健康狀況的人請不要進入店鋪
유증상자는 출입을 삼가 주십시오

141

咳エチケットにご協力ください
Keep proper coughing manners in mind.
请注意咳嗽礼仪
請注意咳嗽禮儀
기침 예절을 지켜 주세요

142

消毒液をお使いください
Please feel free to use the disinfectant.
请使用免洗手消毒液
請使用免洗手消毒液
소독제를 사용해 주시기 바랍니다

143

便座のフタを閉じてから流してください
Close the toilet lid before flushing.
请盖上马桶盖后再冲水
請蓋上馬桶蓋後再沖水
변기 뚜껑을 닫고 물을 내려 주세요

144

空気清浄機稼働中

Air Purifier in Operation

这里开着空气净化器

這裡開著空氣淨化器

공기청정기 가동 중

145

換気実施中

Ventilation in Operation

正在进行通风换气

正在進行通風換氣

환기시스템 가동 중

146

感染対策実施中

Infection Control in Progress

正在实施疫情防控措施

正在實施疫情防控措施

방역 활동 실시 중

147

大声での会話はお控えください

Keep your voice down.

请不要大声说话

請不要大聲說話

대화할 때는 작은 목소리로

148

衛生面を考慮し、従業員はマスクを着用しています

Staff members are wearing facial masks for hygiene purposes.

为了保证饮食卫生，工作人员佩戴口罩

為了保證飲食衛生，工作人員珮戴口罩

종업원은 위생상 마스크를 착용하고 있습니다

149

トングや取り箸は頻繁に取り替えを行っております

The tongs and chopsticks are frequently replaced.

食物夹子和公筷会经常更换

食物夾子和公筷會經常更換

수시로 집게 및 젓가락을 교체하고 있습니다

軽減税率実施中
テイクアウト8％、店内飲食10％

Lower Tax Rate for Takeouts
To Go: 8% / For Here: 10%

外卖食物降低消费税
消费税分别为：外卖是8%、店内饮食是10%

外賣食物降低消費稅
消費稅分別為：外賣是8%、店內飲食是10%

테이크아웃 경감세율 8% 적용 중(매장 내 취식 10%)

索引

け

こ

と

な

ま

み

む

制作協力

本書を制作するに当たり、多くの企業、団体の皆様にご意見をいただきました。
残念ながら、そのすべてのお名前の掲載はかないませんでしたが、ご協力くださった
全員に、この場を借りて厚く御礼申し上げます。

【飲食業】

● 養老乃瀧（養老乃瀧株式会社）
http://www.yoronotaki.co.jp/

● HUB BRITISH PUB｜82 ALE HOUSE（株式会社ハブ）
http://www.pub-hub.com/

● SUBWAY（日本サブウェイ合同会社）
http://www.subway.co.jp/

【販売業】

● 株式会社ビックカメラ
http://www.biccamera.com/

● ADIEU TRISTESSE（株式会社ビギ）
http://www.adieu-tristesse.jp/

● ANA DUTY FREE SHOP（全日空商事デューティーフリー株式会社）
http://www.anadf.com

● Fa-So-La成田空港免税店（株式会社NAAリテイリング）
http://www.fasola.jp/

【宿泊・レジャー・美容業、医療業など】

● 琵琶湖・瀬田川畔料亭　新近江別館
http://www.shin-oumi.jp/

● リッチモンドホテル（アールエヌティーホテルズ株式会社）
http://www.richmondhotel.jp/

● 江戸東京博物館
http://www.edo-tokyo-museum.or.jp/

● 東京ドームシティ アトラクションズ（株式会社東京ドーム）
http://at-raku.com/

● 美容室Paddle
http://www.paddle-link.com/

● fou HAIR SALON
http://www.fouhair.com/

● 成城スキンケアクリニック
http://www.seijo-skincare.com/

改訂版　みんなの接客韓国語

発行日	2023年　6月20日（初版）
	2023年12月18日（第2版）
著者	広瀬直子
編集	株式会社アルク　出版編集部、今野咲恵
韓国語翻訳	崔正熙
韓国語校正	山崎玲美奈
韓国語ルビふり	八田靖史
制作協力	有限会社アイ・ケー・ブリッジ
翻訳協力（付録）	崔正熙、고경수、호한나、盧秀曎（韓国語）
	顧蘭亭、二瓶里美（中国語）
装丁デザイン	chichols
装丁イラスト	くにともゆかり
本文デザイン	株式会社創樹
ナレーション	李美賢、李忠均、菊地信子
録音・編集	株式会社メディアスタイリスト
DTP	新井田晃彦（有限会社共同制作社）
印刷・製本	シナノ印刷株式会社
発行者	天野智之
発行所	株式会社アルク
	〒102-0073 東京都千代田区九段北4-2-6　市ヶ谷ビル
	Website：https://www.alc.co.jp/

地球人ネットワークを創る

アルクのシンボル
「地球人マーク」です。